Karlsruhe
Der Stadtführer

Texte
Rundgänge: Sibylle Peine
Informationen: Michael Kohler
Bildlegenden: Fred Becher

Fotos
Rolf Bäppler, Lindenberg: 86
Peter Bastian, Karlsruhe: 6 oben, 45, 54, 61, 67, 74 unten, 103, 107, 111, 117, 120, 127, 130
Fred Becher, Dettenheim: 18, 66, 69, 91, 92, 95, 101, 105, 113
Robert Dreikluft, Karlsruhe: 2/3, 14, 20, 27, 31, 33, 35 unten, 36, 39, 42, 47, 48, 50, 51, 52, 59, 62, 68, 83
Andrea Fabry, Karlsruhe: 5, 17, 26, 30, 58, 72, 100, 124, 125, 126
Roland Fränkle / Stadt Karlsruhe: 10/11, 35 oben, 38, 46, 96, 109
Thomas Goldschmidt, Gondelsheim: 114
Andreas Keil, Karlsruhe: 123
Manfred Schaeffer, Karlsruhe: 40
Bernhard Schmitt, Karlsruhe: Titel, 6 unten, 7, 15, 16, 19, 21, 23, 25, 29, 37, 41, 43, 49, 55, 56, 65, 71, 74 oben, 75, 76, 78, 79, 80, 82, 85, 98
Südwestrundfunk Baden-Baden: 8

Lektorat
Natascha Matussek und Fred Becher

Layout
Steffen Harms, Karlsruhe

Herstellung
Goldener Schnitt, Sinzheim

Druck
Karl Weinbrenner & Söhne GmbH & Co.
Leinfelden-Echterdingen

G. BRAUN BUCHVERLAG

ISBN 3-7650-8288-0

Karlsruhe
Der Stadtführer

Rundgänge und Informationen
von A – Z

G. Braun

Grußwort
Oberbürgermeister Heinz Fenrich

Wir arbeiten intensiv daran, das Erscheinungsbild unserer Stadt zu erhalten und weiter aufzuwerten. Unseren Bürgern, aber auch Touristen von nah und fern wollen wir die besondere Lebensqualität und die vielen Attraktionen Karlsruhes nahe bringen. Der neue Stadtführer des G. Braun Buchverlags wird dabei gute Dienste leisten.

Dort findet sich für beinahe jedes Bedürfnis die passende Information. Wer wissen will, wie die Planstadt Karlsruhe entstanden ist, kommt ebenso auf seine Kosten wie Geschichtsinteressierte und Architekturfans, die mehr über Leben und Werk des großen klassizistischen Baumeisters Friedrich Weinbrenner erfahren wollen. Eine Stärke des Buches ist der detailliert beschriebene Stadtrundgang. Er führt vom Bahnhof über das Schloss, die Südweststadt und die einzelnen Quartiere bis an den Rhein. Der Leser bekommt bei der Lektüre dieser Kapitel nicht nur eine genaue Orientierung, er kann auch gleich den Besonderheiten der einzelnen Straßenzüge, Plätze oder Bauten nachspüren. So hat er bereits bei der Lektüre die Möglichkeit, herauszufinden, wo in der Stadt sich „seine" Ecke findet.

Im Info-Teil werden alle, die gerne in der Fächerstadt etwas unternehmen wollen, fündig. So gibt es zahlreiche Einkaufstipps. Der Stadtführer zeigt auch: Das gastronomische Angebot der Fächerstadt kann sich sehen lassen. Wer die Kultur liebt, lernt die Museen kennen und erfährt, was die Karlsruher Theater, Kulturzentren sowie die vielen Feste und Festivals bieten. Nicht zu kurz kommt im Führer die Sportstadt Karlsruhe: Wer sich fit halten will, hat hier beinahe die Qual der Wahl. Und natürlich erfahren Reisende, wo sie in welchem Ambiente übernachten und wie sie dorthin finden können.

Der mit ansprechenden Farbbildern ausgestattete Band ist eine willkommene Ergänzung der Reise- und Informationsliteratur über unsere Stadt. Dem Verlag wünsche ich lebhaftes Interesse am neuen Stadtführer und seinen Lesern spannende Entdeckungen.

Heinz Fenrich
Oberbürgermeister

Inhalt

Karlsruhe – Ein großartiger Lebensort – Harald Hurst 8

Kurze Stadtgeschichte 12

Stationen eines Stadtrundgangs 15

1 Wildlife in der Stadt
Bahnhof und Zoo 15

2 Wo die Kultur zu Hause ist
Festplatz und Staatstheater 18

3 Auf der Via Triumphalis
Vom Ettlinger Tor bis zum Marktplatz 23

4 Im Herzen der Stadt
Marktplatz und Kaiserstraße 26

5 Adel verpflichtet
Schloss, Schlossplatz und Schlossgarten 31

6 Exotik, Kunst und Rote Roben
Botanischer Garten, Kunsthalle und
Bundesverfassungsgericht 38

7 Wo Münzen entstehen
und wo sie ausgegeben werden 43

8 Naturhort und Bücherburg
Naturkundemuseum
und Badische Landesbibliothek 47

9 Vom Shoppen zur Neuen Kunst
Südweststadt und ZKM 52

10 Wettkämpfe und Erholung
Europahalle und Günther-Klotz-Anlage 58

11 Abstecher in die Südstadt 60

12 Abstecher in die Weststadt 64

13 Abstecher ins Universitätsviertel,
die Oststadt und das Dörfle 70

14 Abstecher nach Durlach 77

15 Abstecher an den Rhein 84

Moderne Kunst wird ansprechend in Szene gesetzt.

Informationen von A–Z 90

Auskunft 90
Internetseiten 90

Einkaufen 90
Antiquitäten 90
Antiquariate 91
Galerien 91
Mode 93
Musikgeschäfte 93
Schmuck 94
Second-Hand 94
Wohnen und Design 94
Originelles und Ungewöhnliches 95

Feste und Festivals 95

Gärten und Parkanlagen 97

Gastronomie 102
Cafés 102
Gartenlokale 103
Kneipen und Szenelokale 105
Restaurants 106
- Afrikanisch 106
- Asiatisch 107
- Badische Spezialitäten 107
- Deutsch und international 108
- Griechisch 108
- Italienisch 109
- Mexikanisch 110
- Vegetarisch 110

Weinstuben 110

Jedes Jahr gibt es beim „Fest" Musik vom Feinsten – und das auch noch kostenlos.

Der „Kopffüßler" in der Uni-Bibliothek; studentische Adaption der Kunstfigur von Horst Antes.

Kino 111

Karlsruher Messe- und Kongress GmbH 112

Kulturzentren 112

Märkte 113
Wochenmärkte 113
Flohmärkte 113
Saisonmärkte 114

Museen 114

Musik 118

Nightlife **121**
Bars und Clubs 121
Diskos 122

Sport und Freizeit **123**
Bade- und Baggerseen 123
Freibäder 124
Hallenbäder 125
Sportveranstaltungen 125

Theater **127**

Unterkunft **128**
Hotels 128
Pensionen 129
Privatzimmervermittlung 129
Jugendherberge 130
Camping 130

Verkehr **130**

Karten
Liniennetzplan Klappe vorn
Stadtrundgang Klappe hinten
Stadtteile
Südstadt 60
Weststadt 64
Oststadt 70
Durlach 77
Rhein 84
Übersichtskarte 88/89

Der wohl ungewöhnlichste Kindergarten in Karlsruhe.

Hinweise zur Benutzung

Unser Stadtrundgang führt an alle wichtigen, geschichtsträchtigen oder einfach sehenswerten Orte in Karlsruhe. Der Rundgang beginnt am Bahnhof als zentralem Ankunftsort, der Einstieg ist aber natürlich an jeder beliebigen Stelle möglich.
Für den Hauptrundgang mit seinen 10 Stationen finden Sie eine Übersichtskarte auf der hinteren Umschlagklappe; die Abstecher mit den Nummern 11 bis 15 sind am Beginn jedes Kapitels mit einer eigenen Karte versehen.

Titelbild

„Der blaue Strahl" führt von der Majolika-Manufaktur durch den Schlosspark direkt zum Schloss.

Karlsruhe – Ein großartiger Lebensort

Harald Hurst

Die Recherche nach meinem inneren Zuhause führt unweigerlich zurück nach Karlsruhe, jener Stadt in der oberrheinischen Tiefebene, die ein großartiger Lebensort und eine problematische Sehenswürdigkeit ist. Ohne lokalpatriotischen Stolz, dafür mit jener trotzigen Loyalität, mit der man zu etwas steht, was man ohnehin nicht los wird, nenne ich dieses gemütliche Großstädtchen meine Heimatstadt. Wie also und mit was lebe ich hier?

Schwätzt badisch: Harald Hurst.

Früher habe ich noch versucht, diesen Leuten zu entkommen. Ich bin gerannt, bis mir der eigene Stallgeruch aus der Nase war, immer in aufwärts gedachter Richtung, in ein feineres Milieu. Wo man das Leben mit Lebensart garniert. Wo man bei Kerzenlicht nach dem Theater Tischgespräche führt und nicht unter dem Neckermann-Leuchter Theater macht und beim Vespern daherschwätzt wie einem der Schnabel gewachsen ist. Ich wollte einfach abhauen. Aber immer, wenn ich mich umgedreht habe, um die zurückgelegte Entfernung zu genießen, ist sie genau hinter mir gestanden, die badische Sippschaft aus dem Karlsruher Dörfle. Diese Dynastie aus Marktfrauen, Wirtsleuten, Rangierarbeitern und Autogenschweißern. Mit ihrem lauten Organ, ihrem unmöglichen Dialekt, ihrer Rechtschaffenheit und Bescheidenheit, mit ihrer schulterschlagenden Herzlichkeit, gegen die kein Kraut gewachsen ist. Alle haben gelacht und sich gefreut, mich wieder bei sich zu haben. Daheim.

Hier haben mir Trümmerfrauen in Schnürstiefeln und Kopftüchern die ersten Wörter von Zärtlichkeit und Zorn ins Herz geplappert und in die Ohren geschimpft. In einem skrupellos praktischen Mischdialekt aus alemannischen, schwäbischen, fränkischen und Hausmacher Brocken, versetzt mit verstümmelten Franzosenwörtern wie „Schesslong", „Bagasch" und „Blamasch". Der eigentümlich mundfaule Singsang, der die unbequemen Doppellaute so zerquetscht, dass man ohne großen Aufwand „zwai waiche Aier in ainre Raih" sagen kann, ist mir wohl oder übel Sprache geworden. Eine Sprache für den Hausgebrauch, die mich auf Reisen in nördlicher Richtung mit jedem Kilometer mehr im Stich lässt, bis sie als folkloristische Melodie nur noch das gereizte „Wie bitte?" des Hochsprachlers provoziert. Wie sollte der auch einen seltsam muslimisch und paradox anmutenden Satz wie „Alla, trink voll leer!" als Aufforderung zu raschem Verzehr seines Getränkes verstehen? Es dauert seine Zeit, bis ein Mensch, der mangels Dialekt überall verstanden wird, hierzulande etwas begreift. Und da er meist schneller redet als der Einheimische mitzudenken bereit ist, verschanzt sich dieser vorsichtshalber hinter einem irritierend weichen Mäuerchen aus abwartender Haltung und herzlicher Indifferenz, einer Spielart der ortsüblichen Toleranz. Wenn einem der „Schnellschwätzer" nach längerer Beobachtung partout nicht passt, lässt man ihn „de Buggl runnerrutsche". Das ist ein schmerzloses und unkompliziertes Verfahren der Konfliktregelung, das wenig Reibungshitze verursacht und im regionalen Lexikon auch keine körperliche Missbildung voraussetzt.

Hier hat jeder einen Buckel, und jeder hätte gern einen breiteren. Auf die Frage „Was gibt's Neues?" lautet der landläufige Bescheid „Nix, Gott sei Dank. Mir habe noch gnug am Alde." Diese gelassene Einstellung und ein Heidenrespekt vor dem Hoheitsgebiet und Ruhebedürfnis des Nebenmenschen bewahren meinen residenzbadischen Landsmann vor allzu temperamentvollen Kopfsprüngen in fremde Gewässer. Im Grunde seines Herzens ist er ein geselliger Mensch. Er wäre sogar kontaktfreudig, wenn er es sich anmerken ließe. Ich kenn' mich in ihm aus. Ohne lokalpatriotischen Stolz, dafür mit jener trotzigen Loyalität, mit der man zu etwas steht, was man ohnehin nicht los wird, nenne ich dieses gemütliche Großstädtchen mit dem selbstgähnenden Namen meine Heimatstadt: Karlsruhe.

Harald Hurst
1945 in Buchen geboren, hat keinen still dahinfließenden Lebenslauf zustande gebracht. Aufgewachsen im zerbombten Karlsruhe, im „Dörfle". Von dort stammt seine Sprache. Als Moses zur See gefahren. Um einige Illusionen erleichtert, aber muskulöser und drastisch aufgeklärt zurückgekommen. Manche Lehrer an weiterbildenden Schulen zur Verzweiflung gebracht. Verschiedene Tätigkeiten zum Broterwerb. Bis 1968 ein kurioses Abitur als so genannter Schulfremder gelingt. Ausgedehntes und turbulentes Studium der Romanistik und Anglistik in Heidelberg und Mannheim. Nach dem Examen keine Übernahme in den Schuldienst. Seit 1980 freier Schriftsteller und ab und zu Journalist.

Preise und Auszeichnungen: Einige Mundartpreise, Stipendiat der Kunststiftung Baden-Württemberg, Stipendium des Ministeriums für Kunst und Wissenschaft, Thaddäus-Troll-Preis.

Kurze Stadtgeschichte

Die Entstehung Karlsruhes ist unmittelbar mit der Geschichte Durlachs, des im Osten der Stadt liegenden heutigen Stadtteils verbunden. Seit 1565 residierten dort die Markgrafen von Baden-Durlach. 1689 fiel die alte Residenzstadt dem Orléansschen Krieg zum Opfer. Der nachfolgende Spanische Erbfolgekrieg (1701–1714) zog auch die Markgrafschaft weiter in Mitleidenschaft und trug dazu bei, ihren Neuaufbau zu verhindern. Das zerstörte Schloss in Durlach wurde nur zu einem kleinen Teil wieder aufgebaut. Daher plante der Markgraf einen Neubau im westlich gelegenen Hardtwald. Zuerst nur als Jagd- und Lusthaus geplant, wurde daraus dann bald die neue Residenz.

Am 17. Juni 1715 wurde der Grundstein für das neue Schloss gelegt, dem Zentrum und der Keimzelle der Stadtentwicklung in doppelter Hinsicht: einerseits Mittelpunkt des einzigartigen fächerförmigen Stadtgrundrisses, mit seinem strahlenförmig verlaufenden Straßensystem. Andererseits durch die mit dem Schloss verbundene Funktion als Residenz- und Hauptstadt, Existenzgrundlage der Stadt bis weit ins 19. Jahrhundert hinein. Nach Fertigstellung des Schlosses wurde 1718 die markgräfliche Administration von Durlach nach Karlsruhe verlegt. Im selben Jahr erhielt die knapp 2000 Einwohner zählende Neugründung die Gemeinderechte, die 1722 in einem formellen Stadtrechtsbrief festgehalten wurden. Es dauerte allerdings noch sechs Jahre, bis mit der Errichtung eines Rathauses auch ein entsprechendes äußeres Zeichen gesetzt wurde. Ab 1752 veränderte eine neue Bauvorschrift das Stadtbild: parallel zum Neubau des Schlosses mussten nunmehr auch alle Häuser aus Stein errichtet werden. Der 1771 eingetretene Erbfall der Markgrafschaft Baden-Baden brachte auch für die Stadtentwicklung einen wesentlichen Entwicklungsschub, deutlich ablesbar am Wachstum der Einwohnerzahl von rund 4500 im Jahr 1769 auf rund 6500 bis 1775. Noch weitaus stärkere Impulse für die Entwicklung Karlsruhes bewirkte die politische Umbruchsituation in Europa am Ende des 18. und zu Beginn des 19. Jahrhunderts: das Ende des alten Deutschen Reiches im Gefolge der Französischen Revolution und der Napoleonischen Neuordnung bescherte dem Kleinstaat Baden bereits mit der Aufhebung der geistlichen Territorien im Reichsdeputationshauptschluss 1803 einen erheblichen Gebietszuwachs und den Aufstieg zum Kurfürstentum. Mit dem Beitritt zum Rheinbund 1806 und den erneuten territorialen Gewinnen, verbunden mit der Erlangung des Status eines Großherzogtums, war die Stadt zum politischen und administrativen Zentrum einer Mittelmacht geworden.

In dieser Zeit beginnt auch die Neugestaltung des äußeren Stadtbildes im Stile des Klassizismus, der bis heute das Gesicht der Stadt in ihrem Kernbereich prägt. Nach Plänen des in Karlsruhe geborenen Architekten Friedrich Weinbrenner, dem neben Schinkel bedeutendsten Vertreter des Klassizismus in Deutschland, erfolgt bis zur Mitte der zwanziger Jahre des

19. Jahrhunderts die komplette Neuanlage des Marktplatzes (1797) und die Errichtung zahlreicher repräsentativer Gebäude wie etwa des Rathauses, der evangelischen und katholischen Stadtkirche oder der Synagoge. 1823 schuf Weinbrenner mit der Pyramide über der Gruft des Stadtgründers das Wahrzeichen der Stadt. Als Landeshauptstadt des neu entstandenen Großherzogtums Baden erlebte Karlsruhe einen rapiden Bevölkerungszuwachs von weniger als 10000 auf über 15000 zwischen 1806 und 1815 und nochmals bis 1830 auf etwa 20000 Einwohner, was eine Stadterweiterung dringend notwendig machte. Gleichzeitig verlor das bislang prozentual dominierende Gewerbebürgertum durch das Anwachsen des Beamtenapparates an Bedeutung. Die sich verändernden technischen, wirtschaftlichen, gesellschaftlichen und politischen Verhältnisse in Europa machten auch vor Baden und seiner Metropole nicht Halt: in einigen Punkten stand man hier sogar an der Spitze der Entwicklung. So entstand 1825 mit der Gründung des Polytechnikums die erste Technische Hochschule in Deutschland, an der Heinrich Hertz 1887/88 die elektromagnetischen Wellen entdeckte und Fritz Haber 1909 die Gewinnung von Ammoniak aus Luftstickstoff gelang – die Grundlage zur Herstellung von Kunstdünger war geschaffen. Mittlerweile in den Rang einer Universität erhoben, genießt diese traditionsreiche Institution auch heute ein hohes internationales Renommee. Bereits 1843 fand die Stadt Anschluss an das beginnende Eisenbahnzeitalter, der langfristig die Entwicklung Karlsruhes zu einer Industriestadt einleitete. Erst 1901 wurde dagegen, nach eher provisorischen Zwischenlösungen, ein städtischer Rheinhafen geschaffen, der heute zu den bedeutendsten Binnenhäfen Europas zählt.

Die Demokratisierungsbestrebungen der badischen Verfassung von 1818 sowie des Bürgertums fanden ihren Ausdruck in der Errichtung des ersten deutschen Parlamentsbaus, dem Ständehaus, im Jahre 1822. Dass die Karlsruher in der „Badischen Revolution von 1848/49" nur geringe republikanische Neigungen zeigten und das Modell der konstitutionellen Monarchie vorzogen, ist angesichts der Einwohnerstruktur allerdings nicht verwunderlich: große Teile der Bevölkerung waren als Beamte, Kaufleute oder Handwerker direkt oder indirekt vom Hof als Arbeit- oder Auftraggeber abhängig. Diese Monarchie wurde 1849 für nur wenige Wochen durch die erste Republik in Deutschland unterbrochen; das schnelle Ende kam durch preußische Truppen. Das unter Friedrich I. – seit 1852 Regent, seit 1856 Großherzog – seit 1860 nach Ende der Restauration herrschende liberale Klima fand unter anderem in der Einrichtung des ersten Mädchengymnasiums in Deutschland 1893 einen bemerkenswerten Ausdruck.

Auch wenn Karlsruhe Mannheim nie den Rang als führende Industriestadt Badens streitig machen konnte, hatte dieser Wirtschaftssektor um die Wende zum 20. Jahrhundert einen beachtlichen Umfang erreicht, der wesentlichen Anteil daran hatte, dass die Stadt 1901 mit über 100 000 Einwohnern in den Kreis der Großstädte aufrückte. Der Schwerpunkt lag dabei im Bereich der Maschinenbauindustrie, gefolgt von der Nahrungs- und Genussmittelindustrie sowie dem Dienstleistungssektor.

Der Erste Weltkrieg, in dem Karlsruhe als Garnisonsstadt und strategisch wichtiger Eisenbahnknotenpunkt mehrfach Ziel von Luftangriffen wurde, brachte 1918 mit der Niederlage des Deutschen Reichs und dem Ende der

Monarchie der Stadt nicht nur den Verlust der Residenz- und Garnisonsstadtfunktion, sondern auch den ökonomisch noch schwerwiegenderen Nachteil der nun unmittelbaren Grenzlage zu Frankreich ein. Wesentlich gravierender noch waren allerdings die Folgen des „Dritten Reichs" und des Zweiten Weltkrieges. Als französische Truppen am 4. April 1945 fast kampflos in die zu 35 Prozent zerstörte Stadt einmarschierten, waren die meisten der 1940 zunächst nach Gurs deportierten rund 900 Mitglieder der Karlsruher jüdischen Gemeinde dem Holocaust zum Opfer gefallen. (Im Mai 1939 lebten zirka 1 440 Menschen jüdischen Glaubens in Karlsruhe.) Über 1 700 Menschen starben bei Luftangriffen.

Für die Stadt selbst bedeutete die 1952 vollzogene Vereinigung Badens mit Württemberg einen schweren Schlag. Karlsruhe verlor endgültig seine Stellung als Landeshauptstadt zugunsten Stuttgarts, wo nunmehr das neue gemeinsame Parlament, die Regierung und die Ministerien saßen: ein für Karlsruhe gravierender Bedeutungs- und Zentralitätsverlust, dessen Folgen real und mental immer noch und immer wieder aufs Neue schmerzhaft empfunden werden. Die Ansiedlung der beiden höchsten deutschen Gerichte, 1950 des Bundesgerichtshofes und 1951 des Bundesverfassungsgerichts, brachten Karlsruhe dagegen auf anderem Gebiet einen Bedeutungszuwachs.

Mit seiner mittlerweile außergewöhnlichen Anzahl von Wissenschafts-, Bildungs-, Forschungseinrichtungen, die Karlsruhe die bundesweit relativ höchste Wissenschaftlerdichte bescheren, innovativen Unternehmen und hochrangigen Kulturinstitutionen, unter denen das 1997 eröffnete „Zentrum für Kunst und Medientechnologie" weltweit eine einzigartige Position einnimmt, ist die Stadt als Zentrum der TechnologieRegion mit ihren heute 275 000 Einwohnern auf dem Weg, eine neue und vielversprechende Identität zu gewinnen.

Seit 1823 ruht hier der Stadtgründer Karl Wilhelm von Baden-Durlach.

Wildlife in der Stadt – Bahnhof und Zoo

1

Weglänge: 1 200 Meter

Großartige Industriearchitektur: der Hauptbahnhof.

Den auswärtigen Besucher, welcher mit der Bahn in Karlsruhe ankommt, empfängt ein modernes Reise- und Einkaufszentrum mit zahlreichen Geschäften und Restaurants. Der Bahnhof beeindruckt durch seine Jugendstilfassade und das imposante Tonnengewölbe der Empfangs- und Schalterhalle. Leider sind manche Besonderheiten der früheren Innenausstattung des Bahnhofs wie der in Gold-Weiß gehaltene „Fürstenbau", der die herrschaftlichen Reisenden an „heimische Schlossinterieurs" erinnern sollte, den Veränderungen der Zeit zum Opfer gefallen.

Ein Bahnhof wandert *Die Eröffnung des Bahnhofs am 23. Oktober 1913 war für die Stadt Karlsruhe ein Jahrhundertereignis. Beendet waren damit Jahrzehnte aufgeregter Bahnhofsdebatten. Der von Wilhelm Eisenlohr 1843 erbaute erste Bahnhof der Stadt, der ungefähr an der Stelle des heutigen Staatstheaters (Kriegsstraße) lag, war mehr und mehr zu einem Problem für die Stadtentwicklung geworden. 1843 noch am Rande der Residenzstadt gelegen, behinderten Bahnhof und Bahngleise am Ende des 19. Jahrhunderts die Expansion der Stadt nach Süden. Vor allem die neue Eisenbahnervorstadt, die heutige Südstadt, wurde durch die Bahngleise von der Altstadt abgeschnitten. Zunehmender Bahnverkehr und damit immer längere Wartezeiten an den Schranken entnervten die Bevölkerung. Nachdem etliche Vorschläge wie etwa die Höherlegung der Bahn diskutiert und wieder verworfen worden waren, entschloss sich das Land 1902 zur Verlegung des Bahnhofs anderthalb Kilometer nach Süden an den äußersten Rand des Stadtgartens. Obwohl Hermann Billing (1867-1946), ein entschiedener Vertreter der Moderne, den Architekturwettbewerb gewann, wurden schließlich Pläne des dritten Preisträgers August Stürzenacker (1867-1943) realisiert.*

1

Bahnhof und Vorplatz haben im Wesentlichen den Charakter bewahrt, der ihnen vor 90 Jahren gegeben worden ist. Mit der Gestaltung des **Bahnhofplatzes** wollte der Architekt Wilhelm Vittali eine harmonische Raumwirkung erzielen. Dies ist ihm gelungen: Einheitliche Fassadenentwürfe für Hotels und Privathäuser und die um den Platz herumführenden Pfeilerkolonnaden vermitteln ein Bild der Geschlossenheit, das sich im Wesentlichen bis heute erhalten hat.

Wenn man den Bahnhofplatz überquert, kommt man direkt zum Zoo und Stadtgarten. Der **Karlsruher Zoo** ist einer der ältesten in Deutschland und Heimat von etwa tausend Tieren aus aller Welt. 150 Arten sind vertreten – von Elefanten bis zu den kleinen Erdmännchen. Giraffen und Löwen, Schimpansen und Seelöwen, Flamingos, Pinguine und Kraniche zählen zum Bestand. Im Kinderzoo können Haustierrassen vom Walachen-Schaf und Pony bis zur afrikanischen Zwergziege und dem sardischen Zwergesel angeschaut werden. Der Zoo versteht sich jedoch nicht nur als Besucherattraktion, sondern auch als wissenschaftliche Einrichtung. Internationales Ansehen konnte er sich durch verschiedene Zuchterfolge erwerben, vor allem bei vom Aussterben bedrohten Tierarten wie den Netzgiraffen oder Säbelantilopen. Als erstem Zoo in Deutschland gelang es in Karlsruhe, Persische Kropfgazellen zu züchten.

Der Tod der Eisbären *Der Bevölkerung noch gut in Erinnerung ist das wochenlang die Öffentlichkeit bewegende Drama um die vier Eisbären, die wegen Umbauarbeiten an den Nürnberger Zoo ausgeliehen wurden. Sie wurden im März 2000 von Unbekannten aus ihrem Gehege „befreit". Da es unmöglich war, sie zu betäuben, mussten sie erschossen werden.*
Heute verfügt der Karlsruher Zoo über das modernste Eisbärengehege Europas.

Abseits der üblichen Wege kann man vom Hauptbahnhof durch den Zoo in die Stadtmitte spazieren.

In ihrem großzügigen neuen Gehege fühlen sich die Eisbären schon zu Hause.

Der Zoo wurde 1865 als Tiergarten des Badischen Vereins für Geflügelzucht gegründet. Zunächst konnte nur Geflügel angeschaut werden, nach und nach jedoch wurde der Tierbestand erweitert. Als die Stadt 1877 am Nordrand die Festhalle baute, erwarb sie den Tiergarten mit dem ihn umgebenden Park und machte daraus einen Stadtgarten. Im Gegensatz zum fürstlichen Schlosspark, wo der Aufenthalt durch allerlei Verbote eingeschränkt war (man durfte dort nicht singen, pfeifen oder rauchen!), ging es in diesem bürgerlichen Park lockerer zu. Im Süden wurde Anfang der 1890er Jahre ein (inzwischen stillgelegtes) Wasserhochreservoir gebaut, das unter einem Hügel mit künstlicher Ruine, dem nach dem damaligen Oberbürgermeister benannten Lauterberg, versteckt wurde. Auch künstliche Seen wurden angelegt: der Schwanensee und der Stadtgartensee.

Auf beiden Seen, inzwischen durch einen Kanal miteinander verbunden, wurde anlässlich der Bundesgartenschau 1967 ein Gondoletta-Bootsbetrieb eingerichtet, der sich auch heute noch großer Beliebtheit erfreut. Mehr als 100 Veranstaltungen im Jahr – Musikdarbietungen, Folkloreveranstaltungen und Kindernachmittage sowie das jährlich stattfindende Lichterfest – ziehen die Besucher zur Seebühne am Stadtgartensee. Außerdem lockt natürlich zu jeder Jahreszeit die große botanische Vielfalt des Stadtgartens: 800 Bäume aus vielen Ländern, der Rosengarten mit seinen 15000 Rosen (300 Sorten) und der japanische Garten.

Wo die Kultur zu Hause ist
Festplatz und Staatstheater

2

Weglänge: 670 Meter

Ein Schmuckstück im italienischen Renaissancestil, das Vierordtbad.

Einer der größten Plätze in Karlsruhe ist der **Festplatz**, der sich nördlich an den Stadtgarten anschließt. Wie der Name schon nahelegt, haben die Karlsruher diesen Platz für Kulturveranstaltungen und Freizeitvergnügungen, aber auch für Messen und Tagungen reserviert. Den unterschiedlichen Funktionen entsprechen die markanten Gebäude des Festplatzes: Vierordtbad und Schwarzwaldhalle, Garten- und Nancyhalle, Konzerthaus und Stadthalle sowie neuerdings ein Hotelbau, der das ursprüngliche Bild des Platzes stark verändert hat. Die Bauten repräsentieren sehr verschiedene Architekturstile und sind damit ein Spiegelbild der bewegten Geschichte des Festplatzes.

Wenn man den Stadtgarten durch den Ostausgang Richtung Ettlinger Straße verlässt, stößt man zunächst auf das **Vierordtbad**, eines der schönsten Gebäude Karlsruhes. Josef Durm (1837-1919) baute 1871-1873 das zu seiner Zeit erste öffentliche Bad Karlsruhes in italienischem Renaissancestil mit hoher Kuppel. Italienische Landschaftsbilder von W. Klose schmücken den Kuppelbau der Wartehalle. Hinter dem Bad ragt ein minarettartiger Schornstein auf, der Teil des vorher an dieser Stelle ansässigen Heizwerkes war.

Hygieia-Brunnen *Vor dem Eingang stimmt der reizvolle Hygieia-Brunnen von Johannes Hirt bereits auf die Freuden ein, die den Besucher im Innern erwarten. Hygieia, die griechische Göttin der Gesundheit, begießt zwei Jünglinge mit Wasser. Während der eine Jüngling das Wasser über seinen Rücken fließen lässt, fängt der andere es in einer Schale auf – Sinnbild für Bad und Trank, die beiden Möglichkeiten der Heilkraft des Wassers. An den Wasserspielen erfreuen sich vier auf dem Schalenrand sitzende unbekleidete Jungen und Mädchen.*

Die im Zweiten Weltkrieg zerstörte Festhalle (1877 von Josef Durm erbaut) wurde 1953/54 von der **Schwarzwaldhalle** ersetzt, einer der markantesten Nachkriegsbauten Karlsruhes und Symbol architektonischen Neubeginns. Dem Architekten Erich Schelling (1904-1986) gelang ein elegant und beschwingt wirkender Bau, dessen eigentliche Originalität das frei gespannte ellipsenförmige Hängedach ist. Die Schwarzwaldhalle bietet Raum für 3500 Personen und ist Schauplatz für Bälle, Karnevalssitzungen, Shows, Parteitage, Konzerte etc.

Weniger spektakulär sind die beiden Hallen, die später gebaut wurden, als die Schwarzwaldhalle dem gestiegenen Flächenbedarf für Ausstellungen nicht mehr gerecht werden konnte. Die 1956 an ihrer Ostseite errichtete **Gartenhalle** wurde Ende der 80er Jahre abgerissen und durch eine

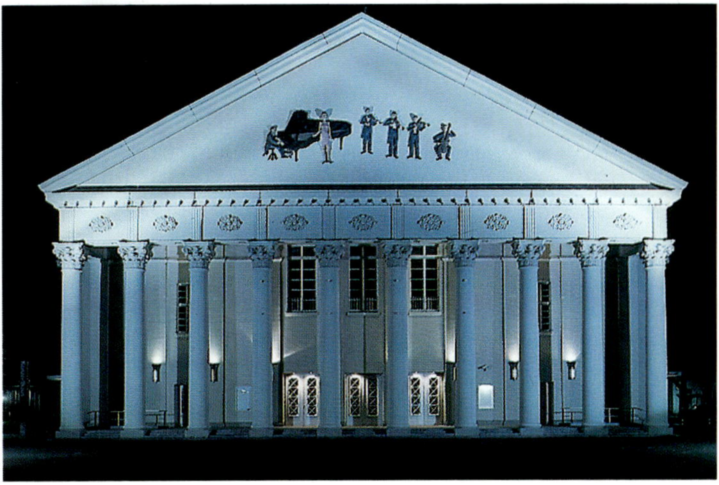

Im Giebel über dem Portikus lässt sich unschwer das Programm des Festhauses erkennen.

2

moderne, größere Ausstellungshalle ersetzt. Die **Nancyhalle** von Erich Schelling, die 1966 anlässlich der Bundesgartenschau neben der Schwarzwaldhalle entstand, wurde als schmucklose Mehrzweckhalle errichtet. Angeschlossen ist ein Restaurant mit Seeterrasse zum Stadtgarten.

Vor der Nancyhalle befindet sich das **Konzerthaus**. Das renommierte Architektenteam Curjel und Moser erbaute anlässlich des 200-jährigen Stadtjubiläums 1915 das Konzerthaus im neo-klassizistischen Stil. In den Jahren 1993/94 wurde das Konzerthaus vollständig renoviert, der im Zweiten Weltkrieg zerstörte Portikus mit den Säulen wurde wieder hergestellt, der Große Saal und das Hauptfoyer wurden zeitgemäß rekonstruiert bzw. restauriert. Das im Krieg zerstörte Giebel-Relief von Karl Albiker ersetzte ein Kunstwerk des Karlsruher Akademieprofessors Stephan Balkenhol. Auch technisch ist das Konzerthaus heute auf der Höhe der Zeit.

1985 wurde die **Stadthalle**, ein modernes Kongresszentrum, eingeweiht. Architektonisch hat sie Elemente des Vorgängerbaus, der früheren Ausstellungshalle, aufgenommen. So wurden die unter Denkmalschutz stehenden Kolonnaden dem Neubau vorgeblendet. Im Innern jedoch wurde der Bau ganz auf die Ansprüche eines modernen Kongress- und Ausstellungszentrums zugeschnitten. Hier finden Großveranstaltungen wie etwa die *Learntec* statt, einer der weltweit größten Multimediakongresse überhaupt. Jährlich werden auch regionale Messen wie die Haushaltsmesse OFFERTA veranstaltet. Schon vor geraumer Zeit hielt die Stadt die Kapazitäten am Festplatz für erschöpft und fand ein neues großzügiges Messegelände im südlich gelegenen Forchheim. Ende 2003 soll dort die neue Karlsruher Messe eröffnet werden.

Neben dem Kongresszentrum – und mit direktem Zugang zu ihm – wurde 2002 das Dorint-Hotel eröffnet, ein umstrittenes Projekt. Vor allem die Bewohner der Südstadt wehrten sich gegen das Hotel, dem ein Teil der Parkanlagen zum Opfer fiel.

Das Hinterteil eines bizarren Kunstwerkes: der Musengaul von Jürgen Goertz.

Wenn man die Ettlinger Straße am Dorint-Hotel überquert, kommt man am Gebäude der **ehemaligen Oberpostdirektion** Nordbaden vorbei. Es wurde 1938 nach Plänen von Hermann Billing erbaut. Der wuchtig wirkende graue Block wird aufgelockert durch Bogengänge im Erdgeschoss der zwei Hauptseiten sowie Wappenfriese und Porträtmedaillons, die Persönlichkeiten aus der Geschichte der Post zeigen. In leicht italianisiertem Stil erscheint auch der Turm, der entfernt an

Alte und neue Kunst in grauen Betonquadern: das Badische Staatstheater.

einen Campanile erinnert. Nur ein paar Schritte weiter liegt zwischen Kriegs- und Baumeisterstraße das **Badische Staatstheater**. Auf der Grünanlage davor begrüßt der „Musengaul" des Bildhauers Jürgen Goertz den Besucher. Die Eröffnung des Theaters 1975 beendete ein über 30-jähriges Provisorium am Festplatz, das durch die Zerstörung des alten Theaters am Schlossplatz bei einem Bombenangriff 1944 entstanden war. Das neue Theater steht an der Stelle des ersten Karlsruher Bahnhofs und später der Markthalle. Der Architekt Helmut Bätzner (*1928) entwarf ein unregelmäßiges Vieleck aus grauen Betonquadern als Grundriss.

Großes und Kleines Haus bieten zusammen 1 500 Plätze. Mehr als 300 000 Besucher wohnen den rund 600 Vorstellungen jährlich bei. Das künstlerische Profil des von Land und Stadt finanzierten Dreispartenhauses wird traditionell vom Musiktheater geprägt. Einen besonderen Stellenwert besitzen das Werk Richard Wagners und die Opern und Konzerte von Richard Strauss. Seit 1978 finden jährlich Händel-Festspiele statt. Mit der Internationalen Händel-Akademie für Musikwissenschaftler hat sich Karlsruhe neben Göttingen und Halle als Händel-Zentrum etabliert. Eine weitere Spielstätte des Staatstheaters befindet sich in dem Theater „Die Insel" an der Karlstraße.

Theater in Karlsruhe *Die Geschichte des Karlsruher Theaters ist bis 1918 untrennbar mit dem Hof verbunden. Schon der Stadtgründer Markgraf Karl Wilhelm ließ im Ostflügel seines Schlosses ein intimes Liebhabertheater für die Hofgesellschaft einrichten, in dem Tanz- und Singspiele gegeben wurden. 1808 baute Friedrich Weinbrenner das erste richtige Hoftheater. Es bot 2 000 Personen Platz und wurde* *damals in ganz Deutschland beachtet. Das Theater wurde 1847 ein Opfer der Flammen, als ein Brand mitten während einer Aufführung ausbrach. Zunächst wurde das Theater von adeligen Intendanten – teilweise sogar Soldaten! – ohne jegliche Fachkenntnisse geleitet, was der Qualität des Repertoires nicht unbedingt gut tat. Schon damals galt die Devise:* Wenn die hohe Idealität die Kasse leer lässt, muss die gemeine Natur sie wieder füllen. *So überwogen Anfang des 19. Jahrhunderts in der Oper französische und italienische Modekomponisten.*

Mit dem Bau des neuen Theaters 1853 trat eine Wende ein. Architekt war der damals bedeutendste Baumeister Karlsruhes, Heinrich Hübsch (1795-1863), dem nachgesagt wurde, mit geringen Mitteln Großes zu wirken *(Naturforscher Friedrich Ratzel). Großherzog Friedrich I. berief den Dresdner Hofschauspieler Eduard Devrient als den ersten Intendanten nach Karlsruhe, der Künstler und nicht Dilettant war. Devrient blieb bis 1870 im Amt und ließ vor allem anspruchsvolle Stücke von Schiller, Goethe, Lessing und Shakespeare spielen. Außerdem setzte mit ihm in den 1850er Jahren die Wagner-Ära ein. 1863 leitete Wagner zwei Konzerte in Karlsruhe; um ein Haar hätte er sich übrigens ganz in der Residenzstadt niedergelassen. Auch Brahms spielte 1865 in Karlsruhe, und 1869 wurde sein „Deutsches Requiem" hier uraufgeführt.*

Bis zum Ersten Weltkrieg dauerte die ganz große Zeit des Karlsruher Theaters. Damals konkurrierte es mit den Bühnen der größten deutschen Städte. Generaldirektor Felix Mottl machte Karlsruhe zur führenden Opernstadt Deutschlands. Die Namen der Karlsruher Sänger hatten europäischen Ruf. 1918 wurde aus dem Hoftheater das Badische Landestheater, aber das Niveau der Vorkriegszeit wurde auch wegen großer Finanzknappheit nicht mehr erreicht. In der Nazizeit wurden Intendant Hans Waag, Generalmusikdirektor Josef Krips und zahlreiche Künstler wegen ihrer jüdischen Herkunft entlassen. Aus dem Badischen Landestheater wurde das Badische Staatstheater. Nach dessen völliger Zerstörung am Ende des Zweiten Weltkriegs musste das Theater in die Konzerthalle und einen Teil der Festhalle am Festplatz umziehen. Es folgte eine unruhige Zeit mit vielen Intendantenwechseln und einem vor allem im Musikbereich sehr konventionellen Repertoire. Erst mit der Intendanz von Hans-Georg Rudolph (seit 1963) kamen auch avantgardistischere Stücke zur Aufführung. Mit dem Bezug des Neubaus 1975 begann dann ein neuer Abschnitt für das Staatstheater.

Auf der Via Triumphalis
Vom Ettlinger Tor bis zum Marktplatz

3

Weglänge: 530 Meter

Die zentrale Nord-Süd-Achse des Fächers: Blick vom Schlossturm durchs Teleobjektiv.

Wenn man vom Staatstheater wieder zurück in Richtung Innenstadt geht, kommt man zum **Ettlinger Tor** an der Schnittstelle von Kriegsstraße und Ettlinger Straße/Karl-Friedrich-Straße. Bis 1872 markierte hier das von Friedrich Weinbrenner 1803 veränderte und vergrößerte Ettlinger Tor die südliche Grenze der Stadt. Zum 150. Jahrestag der Revolution entstand 1998 die neue Ettlinger Tor-Skulptur von Andreas Helmling. Die aus zwei Teilen bestehende, leuchtendblaue Stahlskulptur abstrahiert eine antike Tempelfront und erscheint somit als Reminiszenz an den verloren gegangenen Weinbrenner-Bau.

Das Ettlinger Tor *Die dorische Tempelfront des Ettlinger Tores mit Durchlässen für Fuhrwerke und Passanten wurde von einem Zoll- und einem Wachhäuschen flankiert. 1848, während der Revolutionsereignisse, durchschritt* verschiedenes Volk *das Tor,* vom Literaten und Advokaten bis zum Arbeiter, alles mit schwarz-rot-goldener Kokarde, *berichtet der Dichter Victor von Scheffel. 1872 wurde das Tor wegen des zunehmenden Verkehrs abgerissen.*

3

Das Ettlinger Tor bezeichnete nicht nur die damalige Stadtgrenze, sondern bildete auch den südlichen Abschluss der von Weinbrenner entworfenen **Via Triumphalis**. Es war die zentrale Achse der Stadt mit dem Schloss als markantem Endpunkt im Norden. Die eindrucksvolle Perspektive begeistert noch heute: Der Blick schweift vom Ettlinger Tor über die Karl-Friedrich-Straße zur Verfassungssäule auf dem Rondellplatz, weiter zum Marktplatz mit Marktbrunnen und Pyramide bis zum Schlossturm.

Der **Rondellplatz** lässt in seiner heutigen Form noch ansatzweise seine einstige klassizistische Harmonie und Eleganz erkennen. Zwischen 1800 und 1809 entstanden hier nach Plänen Weinbrenners vornehme Wohnhäuser. Die klassizistischen Gebäude wurden Opfer des Zweiten Weltkriegs. Nur das Markgräfliche Palais wurde aufgrund heftiger Proteste der Bevölkerung in stark vereinfachter Form wieder aufgebaut.

Von der Kultur zum Kommerz *Weitere Veränderungen stehen am Rondellplatz an. Die Südwestecke des Platzes, an der sich unter anderem das Kammertheater und das Centre Culturel Français befanden, wird Teil eines riesigen Einkaufszentrums, das zwischen Kriegs-, Karl-Friedrich-, Erbprinzen- und Lammstraße gebaut wird. Vorgesehen sind 130 Geschäfte, Gastronomie- und Dienstleistungsbetriebe. Die denkmalgeschützte Fassade (1872) des heutigen Kammertheaters soll in dieses ECE-Zentrum integriert werden.*

Die Mitte des Rondellplatzes markiert das **Großherzog-Karl-Denkmal,** auch Verfassungssäule genannt. Der Kubus mit den beiden Brunnenschalen und der Obelisk wurden in den Jahren 1822 bis 1832 nach Plänen von Friedrich Weinbrenner ausgeführt. Das Denkmal erinnert an den früh verstorbenen Großherzog Karl (1786-1818) und an die erste badische Verfassung von 1818, wie die Inschrift auf dem Sockel verkündet: *Dem Gründer der Verfassung. Die dankbare Stadt Carlsruhe*. Kurz vor seinem Tod hatte dieser ansonsten schwache Herrscher noch die liberalste Verfassung seiner Zeit in Kraft gesetzt. Sie garantierte allen Badenern Grundrechte und sah ein Ständehaus mit zwei Kammern vor. 1819 eröffnete der Nachfolger Karls, Großherzog Ludwig, auf Grundlage dieser Verfassung den ersten badischen Landtag.

Rechts dominiert das ehemalige **Markgräfliche Palais** mit seinem monumentalen Portikus den Platz. Von dem ursprünglich 160 Meter langen prachtvollen Gebäude blieb nach Kriegszerstörung bzw. Wiederaufbau nur der konkav geschwungene Mittelteil erhalten; auch die

Nur die prachtvolle Fassade des „Markgräflichen Palais" wurde nach dem Krieg wieder aufgebaut.

prächtigen Wand- und Deckenmalereien fielen dem Krieg zum Opfer. Markgraf Karl Friedrich ließ das Palais in den Jahren 1803-1814 für die drei Söhne seiner zweiten Gemahlin, der Reichsgräfin Luise Karoline von Hochberg, erbauen. Der letzte Besitzer des Markgräflichen Palais war Prinz Max von Baden. 1942 zerstört, wurde das Gebäude in den Jahren 1960-63 von den Architekten Möckel und Schmidt in seiner jetzigen Form wiederaufgebaut.

Weiter Richtung Marktplatz schließt sich das Landesgewerbeamt an. Das heutige, zwischen 1955 und 1964 errichtete Gebäude, hat mit dem von Weinbrenner 1805 für einen Privatmann errichteten Vorgängerbau nichts mehr zu tun. 1865 wurde hier die „Großherzogliche Landesgewerbehalle" eröffnet, die erste ihrer Art in Deutschland. Bei einem Bombenangriff im Zweiten Weltkrieg ging mit dem Gebäude auch die wertvolle Bibliothek unter.

An dem wuchtigen Neorenaissancebau von Josef Durm (1899 fertig gestellt) vorbei, der heute von der Polizei genutzt wird, gelangen wir jetzt zum Marktplatz, Weinbrenners eigentlichem Meisterwerk. An keiner anderen Stelle der Stadt kommt sein gestalterisches Genie, sein Sinn für Symmetrie, Ordnung und Klarheit so deutlich zum Ausdruck wie hier. Im Urteil der Nachwelt gelang Weinbrenner mit dem Karlsruher Marktplatz *eine der größten Leistungen des europäischen Städtebaus* überhaupt. Der harmonische Gesamteindruck ist trotz der Folgen des Zweiten Weltkriegs – dank des Wiederaufbaus der Fassaden der kriegszerstörten Bauten – auch heute noch intakt.

Im Herzen der Stadt
Marktplatz und Kaiserstraße

4

Weglänge: 320 Meter

In Karlsruhe hält der Marktplatz noch, was er verspricht.

1797 wurde **Friedrich Weinbrenner** in seiner neuen Funktion als städtischer Bauinspektor offiziell mit der Marktplatzgestaltung beauftragt. Bislang hatte Karlsruhe nur einen sehr bescheidenen Marktplatz rund um die Konkordienkirche, die damals anstelle der heutigen Pyramide stand, was der wachsenden Bedeutung der Stadt nicht mehr entsprach.

Weinbrenner teilte den **Marktplatz** in einen nördlichen und einen etwas schmäleren südlichen Teil. Der nördliche Teil war als Gewerbe- und Handelsplatz mit Marktbuden vor dreigeschossigen Bürgerhäusern vorgesehen. Im südlichen Teil siedelte Weinbrenner Rathaus und Kirche an. Für die Bürgerhäuser entwarf er Modellfassaden mit Rundbogenöffnungen im Erdgeschoss und rechtwinkligen Fenstern unterschiedlicher Höhe bei gleicher Breite in den oberen Stockwerken. Weinbrenner war es auf überzeugende Weise gelungen, einen bürgerlichen Gegenpol zum aristokratischen Schlossplatz zu schaffen. Der Marktplatz steht für bürgerliches Selbstbewusstsein und läutete damit auch eine neue Epoche in der Karlsruher Geschichte ein.

Friedrich Weinbrenner *kam am 24. November 1766 als Sohn eines Karlsruher Zimmermanns zur Welt, erlernte ebenfalls dieses Handwerk und wurde bald von der Baukunst angezogen. Studienreisen führten ihn nach Dresden, Wien und Berlin. Entscheidend für seinen späteren Werdegang wurde 1792 ein Aufenthalt in Rom, wo er von dem damals hoch im Kurs stehenden antikisierenden Baustil des Klassizismus angezogen wurde.*
1797 wurde Weinbrenner in seiner Heimatstadt Karlsruhe Bauinspektor und trat gleich als „zorniger junger Mann" in Erscheinung. Den vom damaligen Baudirektor Wilhelm Jeremias Müller noch präferierten Barockstil qualifizierte er als „zu schwer, zu verschnörkelt" ab. Bereits in den Jahren 1792/94 hatte Weinbrenner aus seinen Studienorten Berlin und Rom erste Vorschläge für die geplante Neuanlage eines Karlsruher Marktplatzes eingereicht. Die Pläne des damals 28-Jährigen, in denen er bereits Kirche und Rathaus einander gegenüber stellte, wurden aber zuerst als zu exzentrisch abgelehnt.
1801 wurde Weinbrenner Baudirektor, 1809 Oberbaudirektor, ein Amt, das er bis zu seinem Tode 1826 innehatte. Bis dahin war auch im Wesentlichen die Neugestaltung des Marktplatzes abgeschlossen.

4

Die **Evangelische Stadtkirche** an der Ostseite des Platzes erinnert mit ihrem monumentalen Säulenportikus an einen griechischen Tempel. Oberhalb der sechs korinthischen Säulen verläuft ein Friesornament. Der 75 Meter hohe Glockenturm mutet in seiner schlanken, eleganten Form wie ein italienischer Campanile an. Sein grünes Steildach zieren antike Masken, und ein vergoldeter Engel mit Palmzweig krönt als Windfahne die Turmspitze.

Merkur, der römische Gott des Handels, wacht über Marktplatz und Stadtkirche.

Im Jahr 1840 wurde in den Kellergewölben der Kirche eine Fürstengruft angelegt. Die Särge der hier bestatteten Mitglieder der großherzoglichen Familie wurden jedoch 1946 in das 1896 fertig gestellte Mausoleum im Fasanengarten überführt. Dagegen befindet sich Weinbrenners Grab seit 1958 in der Krypta unter der Vorhalle. Nachdem 1944 die Stadtkirche völlig ausbrannte, wurde beim Wiederaufbau 1958 das Äußere der Kirche detailgetreu rekonstruiert, dem Innern aber gab der Stuttgarter Architekt Horst Linde ein völlig verändertes Aussehen. Ein Gewölbe aus Beton, zwölf sehr schlanke Betonpfeiler und ein schwarzer Marmorfußboden prägen den nüchtern und klar wirkenden Kirchenraum. Schlichte rote Sandsteine formen die Turmhalle mit dem Altaraufbau. Einziger Schmuck der Kirche sind die 14 bunten, schachbrettartigen Fenster. Rechts und links der Stadtkirche erbaute Weinbrenner zwei **Lyzeumsgebäude**. Im rechten Haus wohnte von 1808 bis 1812 der Dichter Johann Peter Hebel (1791-1826). Heute befindet sich hier das Sozialgericht. Im linken Haus, dem Weinbrennerhaus, sind die Stadtinformation und ein Restaurant untergebracht.

Zwischen Evangelischer Stadtkirche und Rathaus steht das von Aloys Rauter 1833 fertig gestellte **Großherzog-Ludwig-Denkmal**. Bis zur Verlegung des Marktes 1926 war es gleichzeitig der Marktbrunnen. Nach ihrer Zerstörung im Krieg wurde die Figur des Großherzogs Ludwig 1955 vom Bildhauer Fritz Moser rekonstruiert.

4

Das **Rathaus** wurde in den Jahren 1805-1825 errichtet. Es bezieht sich in Baustil und Abmessungen direkt auf die gegenüber liegende Stadtkirche. Die fünfachsige Giebelfront mit Ratsloggia korrespondiert mit dem Säulenportikus der Stadtkirche, ebenso der Rathausturm mit dem Kirchturm. Wird der Kirchturm von einem Engel gekrönt, so der Rathausturm folgerichtig von Gott Merkur, Symbol für Handel und Wandel. Ein Glockenspiel in der Loggia mit 42 Glocken ertönt vier Mal am Tag. Beim Wiederaufbau von 1948 bis 1955 stellte man ebenso wie bei der Stadtkirche die Weinbrennersche Fassade wieder her. Das Innere des Rathauses wurde jedoch vollständig renoviert und den damaligen Anforderungen mit größeren Versammlungsräumen und einem Bürgersaal für Gemeinderatssitzungen angepasst.

Die **Pyramide** ist das Wahrzeichen Karlsruhes. Sie steht an der Stelle der 1807 abgerissenen Konkordienkirche. In dieser Kirche hatte der Gründer der Stadt Karlsruhe, Markgraf Karl Wilhelm, 1738 seine letzte Ruhe gefunden. Da eine Verlegung des Grabes für die neue Marktplatzgestaltung nicht in Frage kam, baute Weinbrenner zunächst eine hölzerne Pyramide als Schutz über die Gruft. Pyramiden waren seinerzeit – wohl auch ausgelöst durch den Ägypten-Feldzug Napoleons – groß in Mode. Die provisorische hölzerne Pyramide wurde 1823 bis 1825 durch eine steinerne ersetzt, die 6,50 Meter hoch ist. Sie umschließt die Gruft, darüber einen Raum mit dem in Marmor gemeißelten Stadtplan Karlsruhes sowie einen Lüftungsraum. Auf der Nordseite der Pyramide – deren Modell im Stadtmuseum Einblick ins Pyramideninnere gewährt – kann man folgende Inschrift lesen:
Hier, wo Markgraf Karl einst im Schatten des Hardtwaldes Ruhe suchte und die Stadt sich erbaute, die seinen Namen bewahrt, auf der Stätte, wo er die letzte Ruhe fand, weiht ihm dieses Denkmal, das seine Asche verschließt, in dankbarer Erinnerung Ludwig Wilhelm August, Großherzog 1823.

Von der Pyramide aus gelangt man direkt zur Hauptgeschäftsstraße Karlsruhes, der **Kaiserstraße**. Wie bei den meisten Shoppingmeilen in Deutschland hat auch vor der Kaiserstraße der wirtschaftliche Konzentrationsprozess nicht Halt gemacht: Immer mehr Traditionsgeschäfte und Einzelhändler weichen seit einigen Jahren großen Ladenketten. Einen individuelleren Charakter haben kleinere Einkaufsstraßen wie die Herrenstraße oder die südliche Waldstraße, in der sich eine Reihe exklusiver Geschäfte angesiedelt haben.

Typisch für Karlsruhe: viel Grün sogar auf der Kaiserstraße.

Die schon vor der Stadtgründung (1715) existierende „Lange Straße" – heute Kaiserstraße – wurde als südlicher Abschluss des Fächers in die Stadtplanung integriert. Für die Bewohner der Residenz war sie von Beginn an eine attraktive Adresse. Vor allem Händler siedelten sich hier gerne an, weil an dieser Durchgangsstraße von Mühlburg nach Durlach ein reger Betrieb herrschte. War die Lange Straße also schon rasch die belebteste Straße der ganzen Stadt, so war sie doch nicht ihre schönste, *weil sie noch viele alte, niedere und schlecht gebaute Häuser in sich faßt*. So jedenfalls heißt es kritisch in einer Karlsruher Stadtbeschreibung Mitte des 19. Jahrhunderts.

Eine Karlsruher Erfolgsgeschichte *Paradoxerweise ist die heutige sehr unbefriedigende Situation in der Kaiserstraße direkte Folge einer der größten Karlsruher Erfolgsgeschichten. Auf beispielhafte Weise ist es der Stadt gelungen, den innerstädtischen Verkehr mit dem Regionalverkehr zu verbinden. Die ins Umland fahrenden Karlsruher Straßenbahnen benutzen außerhalb der Stadt dank der in Karlsruhe entwickelten Zweistromtechnik das Schienennetz der Deutschen Bahn. Dadurch können Reisende aus der Region ohne Umsteigen direkt mit der Straßenbahn ins Karlsruher Stadtzentrum gelangen. Insgesamt umfasst das Streckennetz rund 614 Kilometer. Der Erfolg dieses Nahverkehrskonzepts lässt sich in Zahlen belegen: Die Beförderungszahlen sind von 1985 bis heute von 62 auf 144 Millionen angestiegen. Die Kehrseite der Medaille ist die extrem dichte Taktfolge der Straßenbahnen in der Kaiserstraße. Mit dem geplanten Bau einer U-Bahn soll die Kaiserstraße aber in einigen Jahren vom Schienenverkehr befreit werden.*

Das änderte sich Ende desselben Jahrhunderts, als hier im großen Stil prächtige Gründerzeitbauten hochgezogen wurden. Die ersten Warenhäuser hatten hier ihre Adresse, so die Kaufhäuser Knopf, Hermann Tietz und Wertheim, aber auch mehrere hundert Fachgeschäfte, die mit eleganten Auslagen lockten. Inzwischen war aus der Langen Straße die

Kaiserstraße geworden – benannt nach Kaiser Wilhelm I. anlässlich seiner Goldenen Hochzeit 1879. Im Zweiten Weltkrieg weitgehend zerstört, gehörte die Kaiserstraße zu den ersten Straßen, die wiederaufgebaut wurden. Der zu hastige Wiederaufbau führte dazu, dass wertvolle Jugendstil- und Gründerzeitfassaden für immer verschwanden und die Nachkriegs-Kaiserstraße architektonisch hinter ihren Möglichkeiten blieb.

Im östlichen, nach Durlach führenden Teil der Kaiserstraße ist ganz in der Nähe des Marktplatzes die **Kleine Kirche** einen Besuch wert. 1773 bis 1776 errichtet, gehört sie zu den ältesten Kirchen der Stadt. Wilhelm Jeremias Müller (1725-1801), damals führender Architekt der Stadt, baute sie für die reformierte Gemeinde aus Grötzinger Sandstein im Zopfstil. Der Bau der Kirche war ein Zeichen religiöser Toleranz, die in der neu gegründeten Stadt Karlsruhe geübt wurde. Obwohl die Landeskonfession lutherisch war, billigte man Reformierten und Katholiken die gleichen bürgerlichen Rechte zu. Wenig später baute Weinbrenner die erste Synagoge; darin fand am Ende des Jahrhunderts der Stadtgründung die in den Stadtrechten fixierte religiöse Toleranz ihren Ausdruck.

4

Vor der Kleinen Kirche steht der sehr reizvolle **Knabenbrunnen**. Das von Konrad Taucher (1873-1950) gestaltete Werk spielt mit der symbolischen Bedeutung des Wassers als „Quelle des Lebens". Der auf einem quadratischen Block knieende nackte Jüngling mit der goldenen Schale erscheint nicht deplaziert in der Nähe der Kirche. Sakral entrückt, vermittelt er ein durchaus stimmiges Bild. Hinter der Kleinen Kirche stößt man auf einen beschaulichen, baumbestandenen Platz, der im Sommer auch gern als Biergarten genutzt wird. Mit der Statue der **Marktfrau** (1928) hat Hermann Föry (1879-1930) „der kleinen Frau auf der Straße" ein Denkmal gesetzt. Ironischerweise gehörte das Vorbild für die „Marktfrau" gar nicht diesem ehrenvollen Berufsstand an. Die üppige Dame, die Modell stand, war rein zufällig auf dem Weg zum Friedhof von dem Künstler angesprochen worden.

Er braucht ihn noch nicht – den Jungbrunnen auf der Kaiserstraße.

Adel verpflichtet
Schloss, Schlossplatz und Schlossgarten

5

Weglänge: 1450 Meter

Vom Marktplatz aus führt die „Via Triumphalis" direkt zum nahen Schloss. Schon nach einigen Metern öffnet sich der Schlossplatz vor dem Besucher. Noch heute ist der berühmte barocke Entwurf der Stadt, die einem aufgespannten Fächer gleicht, deutlich sichtbar – und nirgendwo so gut wie im Schlossbezirk.

Die Stadt gleicht einem Fächer Der Grundriß dieser Stadt gleicht einem Fächer, in welchem das markgräfliche Residenzschloß den Knopf, die verschiedenen Hauptstraßen eben so viele Fächerstäbe oder Fächerfalten vorstellen. In welcher Hauptstraße man daher auch seyn mag, so erblickt man immer am Ende derselben das Schloß, weil von diesem jede derselben abläuft. Steht man aber auf dem Thurme des Schlosses, welches beim Eingange in den sogenannten Hardtwald liegt: so sieht man rund um sich her in 32 Gassen, wovon neune die Hauptstraßen der Stadt, die übrigen blos Alleen sind, die man durch den Wald angelegt hat. *So beschrieb der Schriftsteller Johann Heinrich Campe (1746-1818) Ende des 18. Jahrhunderts die ungewöhnliche Anlage der damals noch jungen Stadt Karlsruhe.*

Was verleitete Markgraf Karl Wilhem von Baden-Durlach (1679-1738) dazu, seine alte Durlacher Residenz aufzugeben und eine neue Stadt mitten in einem einsamen Waldgebiet, quasi abseits der Welt, zu gründen? Trotz mancher romantischer Legenden, die um die Stadtgründung gesponnen wurden, handelte es sich um einen kühl kalkulierten Akt. Seit der französische Sonnenkönig Ludwig XIV. im Jahre 1650 die Hauptstadt Paris verlassen und seinen Hof im neu erbauten Schloss Versailles angesiedelt hatte, war es unter den Herrschern der Zeit Mode geworden, ihre alten Schlösser zugunsten neuer großzügiger Residenzen außerhalb der engen mittelalterlichen Städte aufzugeben. Die neuen Residenzen dienten der Prachtentfaltung und barocken Selbstdarstellung der absolutistischen Fürsten, die auch hier ihrem großen französischen Vorbild folgten.

Den Schlossturm im Hintergrund, kämpft Simson auf dem Schlossplatz mit dem Löwen.

Der Markgraf errichtete zunächst ein kleines einstöckiges Jagdschlösschen. Daraus entwickelte sich der Plan zum Bau einer größeren Schlossanlage *an der Straße gegen Durlach, am Eck des Thiergartens*. Am 17. Juni 1715 wurde in einer feierlichen Zeremonie der Grundstein für das Schloss gelegt, nur wenig später fiel die Entscheidung zur Gründung einer Bürgerstadt. In einem Privilegienbrief wurden die Landeskinder ermutigt, sich in der neuen Residenz niederzulassen. Kostenlose Bauplätze und Baumaterialien, Steuervergünstigungen und Religionsfreiheit sollten ihnen die Ansiedlung schmackhaft machen.

Karl Wilhelm, auch darin ganz absolutistischer Herrscher, hatte die Anlage seiner neuen Stadt „Carols-Ruhe" selbst entworfen. In den Mittelpunkt stellte er den Schlossturm, um den ein Zirkel geschlagen wurde. Vom Schlossturm gingen 32 Straßen strahlenförmig ab, die nach Süden führende Allee traf auf die Landstraße Durlach-Mühlburg. Im nördlichen Teil des Zirkels sollten Tier- und Fasanengarten entstehen, im südlichen das Schloss mit dem Lustgarten. Daran anschließend sollten Zirkelhäuser für die Hofbeamten den Schlossbezirk abgrenzen – diese Zirkelbauten sind nach dem Zweiten Weltkrieg in stark vereinfachter Form wiederaufgebaut worden und beherbergen jetzt Ministerien. Erst jenseits dieses Zirkels war im südlichen Fächer die Bürgerstadt geplant.

5

Der sparsame Markgraf *Markgraf Karl Wilhelm zeigte sich ganz als Pragmatiker, wenn er die Selbstbeschränkung mit der Armut seines Landes begründete:*
Ich bin ein kleiner Fürst. Ich habe ein Haus nach meinem Stand gebaut. Mir ist lieber, man sagt von mir, ich sei schlecht untergebracht und habe keine Schulden, als dass man sagte, ich hätte einen süperben Palast, aber auch hohe Schulden.
Das Schloss war zwar nicht, wie immer wieder behauptet wird, vollständig aus Holz erbaut, aber es war sehr schlicht.

Das Schloss wurde in Rekordzeit erstellt – bereits 1718 bezog Karl Wilhelm den Neubau. Schnell und schlampig gebaut, verfiel es nach dem überraschenden Tod Karl Wilhelms 1738 im gleichen Tempo, und lange Zeit stand nicht fest, ob die neue Residenz weiter genutzt werden würde. Erst als der Enkel des Stadtgründers, Markgraf Karl Friedrich von Baden-Durlach, 1746 die Regierung übernahm, begann eine neue Aufschwungphase für die Stadt.

Schloss, Schlossplatz und Schlossgarten sind ein Gesamtkunstwerk, eine untrennbar miteinander verbundene Einheit, die ab 1750 aus der Gartenanlage gestaltet wurde. Der **Schlossplatz** ist ein weit geöffnetes abgerundetes Dreieck, dessen Spitze das Schloss bildet. Der Platz ist vollkommen symmetrisch angelegt. Die Hauptachse läuft auf das Eingangsportal des Schlosses zu – markante Blickpunkte sind das durch den Künstler Ludwig von Schwanthaler von 1840 bis 1844 geschaffene **Karl-Friedrich-Denkmal**, die Fontäne und das Brunnenrondell. Hinter dem Karl-Friedrich-Denkmal bilden die mythologischen Figurengruppen „Herkules im Kampf mit dem Drachen" und „Simson mit dem Löwen" von Ignaz Lengelacher den Auftakt zu einer Reihe von antiken Götterfiguren, die die rechts und links verlaufenden Lindenalleen säumen.

Hinter den Lindenalleen verbergen sich ebenfalls wieder symmetrisch angelegte Gartenanlagen mit zwei identischen **Najadenbrunnen** (1817). Das **Schloss** in seiner heutigen Form entstand im Wesentlichen in den Jahren 1752 bis 1785. Bald nach seiner Regierungsübernahme hatte sich der junge Markgraf angesichts des maroden Zustands des Schlosses für einen Neubau entschieden. Die Architekten Leopold Retti, Maurizio Pedetti und Balthasar Neumann reichten Vorschläge ein, auf deren Grundlage Albrecht Friedrich von Kesslau (1728-1788) den Bau gestaltete. Nach mehr als 30 Jahren wurden die Arbeiten von Wilhelm Jeremias Müller abgeschlossen, der quasi als Schlussakkord dem Turm eine geschweifte Haube aufsetzte und ihm damit ein wesentlich harmonischeres Äußeres verlieh.

Najaden halten die Schale, aus der unermüdlich Wasser fließt.

Der dreiflügelige Bau öffnet sich weit zur Stadtseite hin, wobei die schräg ansetzenden Seitenflügel die Endpunkte des geplanten Stadtdreiecks bilden. Kesslau gelang ein harmonisches Ensemble, indem er beide Seitenflügel auf die gleiche Länge brachte und die Flügelenden mit Pavillons markierte. Elegant ist die Verbindung zwischen Seitenflügeln und Mittelteil durch Eckbauten. Den Schlossturm verband von Kesslau durch einen rückwärtigen Flügel mit dem Haupttrakt. Der Mittelteil des Schlosses ist dreistöckig, bei den Seitenflügeln liegt das zweite Stockwerk bereits im mit Schiefer gedeckten Dachbereich. Reicher Trophäenschmuck krönt die Balustraden des Mitteltrakts und die Eckpavillons der Flügel, die noch durch Uhrtürme erhöht werden. Der vorspringende, mittlere Teil des Haupttraktes wird durch einen repräsentativen Balkon geschmückt, der auf vier Säulen ruht. Goldene Balkon- und Fenstergitter, die sich vom gelbweißen Ton der Fassade abheben, stehen für den Rokokostil des Schlosses. Den Giebel ziert das badische Wappen.

Während das Inventar des Schlosses – Möbel, Porzellanservice, Gemälde etc. – den Krieg zum Teil überlebt hat, ist die prächtige Innenausstattung beim Brand vom 27. September 1944, als Folge eines schweren Brandbombenangriffes, vollständig zerstört worden. Beim Wiederaufbau in den Jahren 1950 bis 1966 wurde das Innere nicht mehr rekonstruiert, sondern den Bedürfnissen des Badischen Landesmuseums angepasst, das den Schlossbau bis heute nutzt.

Das **Badische Landesmuseum** wurde 1921 im Schloss eröffnet, nachdem dieses nach der Abdankung von Großherzog Friedrich II. in den Besitz des Landes Baden übergegangen war. Das Landesmuseum entstand aus der Zusammenlegung der Großherzoglichen Altertümersammlung mit den

Beständen des Gewerbemuseums. Es besitzt aufgrund dieser Historie überregional bedeutende Sammlungen, die mehr als 5000 Jahre Kulturgeschichte repräsentieren. Ergänzt werden die Sammlungsausstellungen durch mehrere Sonderausstellungen im Jahr, die durch ihre lebendige Inszenierung überregional von sich reden machen. Mit jährlich 345000 Besuchern (2002) zählt das Badische Landesmuseum zu den beliebtesten Museen in Baden-Württemberg.

Den Besuch im Landesmuseum kann man mit einer Besteigung des **Schlossturmes** verbinden. Von hier bietet sich eine großartige Aussicht auf Stadt und Hardtwald. In der Ferne ist sogar der Schwarzwald zu erkennen. Zu einer Verschnaufpause lädt das Schlosscafé mit seinem schönen Blick in den Schlossgarten ein.

5

Badisches Landesmuseum *Die Abteilungen Ur- und Frühgeschichte sowie Römer am Oberrhein repräsentieren anhand ausgewählter archäologischer Funde die frühe Kulturgeschichte des Oberrheins. Die Antikensammlung, eine der bedeutendsten in ganz Deutschland, gibt eine Übersicht über die alten Kulturen des Mittelmeerraumes. Höhepunkte sind die Sammlungen von Kykladenidolen, orientalischen Bronzen, phönizischen Elfenbeinen, ägyptischen Skulpturen und griechischen Meistervasen. Der Mittelaltersaal enthält eine Sammlung von Bildzeugnissen spätmittelalterlicher Heiligenverehrung. Als Glanzpunkt sind sechs Altäre zu sehen. Die Abteilung Schloss und Hof Karlsruhe zeigt unter anderem anhand eines großen Modells die Anlage Karlsruhes als Planstadt. Die großherzoglich badische Krone – 1811 in aller Eile hergestellt –, das Thronensemble und ein prächtiges Toilettenservice aus dem Besitz von Stephanie von Baden geben einen Eindruck vom einstigen Glanz der badischen Residenz. Höhepunkt der Markgräflich-Badischen Sammlungen ist die Türkenbeute. Die reiche Sammlung ist vor allem dem Markgrafen Ludwig Wilhelm von Baden-Baden (1655-1707) zu verdanken, erfolgreicher Feldherr in den Türkenkriegen und Generalleutnant der habsburgischen Armee. Mit ihren Säbeln, Prunkdolchen, Janitscharenhauben, Gebetsteppichen, Handschriften und vielem mehr zählt die Türkenbeute zu den eindrucksvollsten orientalischen Sammlungen. Die Kunst- und Wunderkammer des 16. Jahrhunderts gilt als Ursprung allen fürstlichen Sammelns und war in beiden badischen Fürstenhäusern vorhanden. Sie zeigt Kuriositäten der Natur, Beispiele menschlicher Kunstfertigkeit und wissenschaftlich-technische Errungenschaften. Hinzu kommen eine Sammlung historischer Kriegs- und Jagdwaffen (Gewehrkammer) und ein Münzkabinett. Zwei neue Sammlungsausstellungen „Baden und Europa 1789 bis heute" wie auch „Absolutismus und Aufklärung 1689-1789" laden zur Entdeckung der Vergangenheit ein.*

Hinter dem Schloss beginnt der weitläufige **Schlossgarten**, der fast nahtlos in den Hardtwald übergeht. In unmittelbarer Nachbarschaft zum hektischen Einkaufszentrum umgibt einen hier eine Oase der Ruhe. Büroangestellte legen im Garten mittags eine kleine Entspannungspause ein, Studenten kommen aus der nahen Universität herbei und nehmen ein Sonnenbad, Shoppingmüde erholen sich auf den Parkbänken. Am

In der Sonne liegen, spazieren gehen, sich mit Freunden treffen – nirgends kann man das besser als im Schlosspark.

Wochenende sind Schlossplatz und -garten fest in der Hand von Familien, Kinder stürzen sich mit Vorliebe auf die Kleinbahn, mit der man durch den Park fahren kann. Die weiten Rasenflächen laden zum Ballspielen oder einfach nur zum Faulenzen ein. Wer sich ein bisschen umschaut, der wird auf verschlungenen Pfaden immer wieder versteckte Kunstwerke entdecken, vor allem im westlichen Teil des Parks, den man links hinter dem Schloss erreicht.

Nach Osten schließt sich der ehemalige **Fasanengarten** an. Den Eingang bildet das **Hirschtor** an der Hauptallee. Das Gitter im prunkvollen Rokokostil ist eine Arbeit des Hofschlossers Melchior Hugenest aus den Jahren 1755-60. Der Fasanengarten wurde erst 1918, nach Abdankung des Großherzogs, für die Öffentlichkeit zugänglich gemacht. Seine Geschichte begann mit dem Bau eines Jagdhauses, das Markgraf Karl Wilhelm noch vor Gründung des Schlosses errichten ließ. Darum herum entstand ein Wildgehege für Rot-, Dam- und Schwarzwild, außerdem wurden Fasanen aufgezogen.

Eines der beiden chinesischen Teehäuschen im östlichen Schlosspark.

Eine Reminiszenz an die Zeiten barocker Jagdleidenschaft ist das **Fasanenschlösschen**. Man erreicht es, indem man einfach dem Hauptweg folgt. Das schmucke Lustschlösschen wurde 1764/65 von Friedrich von Kesslau errichtet und

1815 von Friedrich Weinbrenner erneuert. Die in einem warmen Rotton gehaltene Fassade ist mit Palmen und Ranken bemalt. Vom Schlösschen aus bot sich früher ein Ausblick weit in den Fasanengarten hinein bis zur Ruine der so genannten Biberburg. Gegenüber errichtete man zwei Feldhüterhäuschen als **chinesische Teehäuser**. Auch sie sind mit Rankenwerk bemalt, der Clou aber sind die beiden mit Schirmen bewehrten Chinesen-Figuren auf dem Dach. Zusammen mit dem Hauptgebäude ergibt sich so ein reizvolles Ensemble.

Wer einen kleinen Ausflug nicht scheut, kann hier einen der Wege etwas in nördlicher Richtung gehen, bis man auf die Lärchenallee stößt. Folgt man ihr weg vom Schloss in nordöstlicher Richtung und überquert den vielbefahrenen Adenauerring, findet man versteckt im Wald das 1896 fertig gestellte Mausoleum, in dem sich die Grablege der großherzoglichen Familie befindet.

5

Das Mausoleum im Wald *Die Grabkapelle wurde in den Jahren 1889 bis 1896 von Friedrich und Hermann Hemberger aus romanischen und gotischen Elementen erbaut. Hier sind 18 Angehörige des Hauses Zähringen-Hohenzollern bestattet. Sie wurden größtenteils 1946 aus der Krypta der Evangelischen Stadtkirche am Marktplatz in das Mausoleum am Fasanengarten überführt. Zuletzt wurde 1952 Großherzogin Hilda dort beigesetzt. Die Grabkapelle war ursprünglich als Gedächtniskirche für Prinz Ludwig Wilhelm gebaut worden, den jung verstorbenen Sohn von Großherzog Friedrich I. und seiner Frau Luise. Das Mausoleum im Wald entsprach dem Wunsch des Großherzogspaars nach einer abgeschiedenen Ruhestätte. Die Sarkophage aus weißem Carrara-Marmor beeindrucken durch ihre naturalistische Gestaltung.*

Das ehemalige Mühlburger Tor wurde 1967 an den westlichen Eingang des Schlossparks versetzt.

Durch den Schlosspark gehen wir zurück zum Schloss und folgen dem Band aus blauen Keramik-Platten, das den Schlossturm mit der Majolika verbindet. 15 Minuten dauert der Fußweg durch den Schlossgarten und ein kleines Stück des Hardtwaldes, vorbei am Haus der Forstverwaltung, um zu der sehr reizvoll gelegenen **Majolika-Manufaktur** zu gelangen. Das Ensemble aus Manufaktur, Museum, Ateliers, Galerie, Verkauf und Künstler-Bistro „Cantina Majolika" fügt sich um den bezaubernden Innenhof zu einer kleinen, aber feinen Welt fernab der Hektik des Alltages. Ein Besuch lohnt sich schon deshalb, weil die Majolika die einzig verbliebene Keramikmanufaktur in Deutschland ist.

Nicht weit vom Schloss, im Hardtwald, liegt die Majolika-Manufaktur.

Gegründet wurde sie 1901 auf Betreiben des Karlsruher Akademiedirektors und Malers Hans Thoma und des Malers Wilhelm Süß. Der Gedanke, mit erlesenem Kunsthandwerk die heimische Wirtschaft zu fördern und die Künstler zu stärken, vermochte Großherzog Friedrich I. zu überzeugen. Die Modelle wurden von renommierten Künstlern entworfen und dann per Hand in limitierten Serien hergestellt.

Majolika-Kunst aus Karlsruhe *Das badische Wappen mit der Großherzogskrone darüber und dem doppelten M darunter ist bis heute das Markenzeichen der bald florierenden Manufaktur. In ihrer vielfältigen und farbenprächtigen Produktion spiegelt sich der künstlerische Wandel eines ganzen Jahrhunderts, angefangen bei der Hochblüte des Jugendstils über den Expressionismus, die Stiltendenzen des Bauhauses und der Neuen Sachlichkeit bis hin zu den charakteristischen Formen der fünfziger Jahre und den aktuellen Kunstströmungen der Gegenwart. Im Dritten Reich und in der Nachkriegszeit machte die Majolika-Manufaktur schwere Krisen durch. Vor allem die industrielle Massenproduktion aus Billiglohnländern wurde zu einer ernsthaften Bedrohung. Erst in den 1990er Jahren setzte wieder ein Aufschwung ein, als die Majolika mit bekannten Künstlern kooperierte. In letzter Zeit macht die Manufaktur auch mit spektakulären Veranstaltungen von sich reden. So brachte die Künstlerin Sabine Gärtner-Classen zum Stadtgeburtstag 2001 eine Pyramide mit 1600 Keramikkacheln zum Glühen. 2002 wurde der „Blaue Strahl", der vom Schloss zur Manufaktur führt, als größtes Keramikkunstwerk der Welt eingeweiht, und mit dem Beginn des „Sonnenfächers" zeichnet sich ein künstlerisches Zukunftsprojekt ab.*

Exotik, Kunst und Rote Roben
Botanischer Garten, Kunsthalle und Bundesverfassungsgericht

6

Weglänge: 1 100 Meter

Exotische Kulisse des Botanischen Gartens vor der hohen Kuppel der Orangerie.

Verlässt man die Majolika, folgt man einfach dem Ahaweg und gelangt so zum westlich vom Schloss liegenden **Botanischen Garten**, einem kleinen Juwel unter den Garten- und Parkanlagen der Stadt. Für viele ist dieses bezaubernde Ensemble aus blühenden Pflanzen und exotischen Bäumen, tropischen Gewächshäusern, Pavillons, versteckten Ruhebänken und Wasserteichen einer der schönsten Rückzugsorte in Karlsruhe. Der sehr intime Charakter unterscheidet den Botanischen Garten vom weiträumigen Schlosspark. Der Botaniker Carl Christian Gmelin legte den Garten Ende des 18. Jahrhunderts für Großherzog Karl Friedrich an und brachte dafür Pflanzen aus Italien und Frankreich mit. Die Zucht war sehr erfolgreich: aus den zunächst 4 000 Pflanzen, die den Garten verschönerten, wurden im 19. Jahrhundert 40 000. Weil die Gewächshäuser dafür nicht mehr ausreichten, ließ Großherzog Friedrich den Garten großzügig umgestalten.

Wilder Wein erobert die Eisenkonstruktion im Botanischen Garten.

6

Heinrich Hübsch (1795-1863) baute in den Jahren 1853-1856 die **Orangerie** mit der hohen Kuppel, die auch für Festlichkeiten genutzt wurde und heute Teil der Staatlichen Kunsthalle ist. Richtung Schloss fügte er die Pflanzenschauhäuser an – heute das Kakteen-, Palmen- und Orchideenhaus. Im Kakteenhaus kann man die stacheligen Wüstengewächse in unterschiedlichster Größe bewundern – von den 70 Zentimeter großen Kugelkakteen bis zu den riesigen Säulenkakteen, die sechs Meter hoch werden können. Bei tropischen Temperaturen wachsen im Palmenhaus die Dattelpalme, die Howeia-Palme, die Zwergpalme und andere mehr. Der Riesenbambus kann bis zu 40 Zentimeter am Tag in die Höhe schießen. Im Orchideenhaus gedeihen bei Temperaturen von 20 bis 22 Grad und einer Luftfeuchtigkeit von 80 bis 90 Prozent neben einer Vielzahl von Orchideenarten auch Ananasgewächse, die in Mittel- und Südamerika zu Hause sind. An die Gewächshäuser schließt sich ein aus Backstein erbautes Tor mit zwei markanten Rundtürmen an. Es stellt die Verbindung zum Schlossgarten her. Von dem ehemaligen Wintergarten, einem einst verglasten, eleganten, konkav geschwungenen Bau, ist nur die schöne Eisenkonstruktion aus den Jahren 1870/71 erhalten. Heute wird er als Restaurant genutzt.

Zwischen Botanischen Garten und Schlossplatz schiebt sich das Gebäude-Ensemble des **Bundesverfassungsgerichts**. Er dürfte vielen aus den Berichterstattungen in den Fernseh-Nachrichten bekannt sein, wie überhaupt heute Karlsruhe in erster Linie als „Residenz des Rechts" bundesweit präsent ist. Das Bundesverfassungsgericht hat seit 1951 seinen Sitz in der Stadt.

Zwischen Orangerie und Schloss: die nüchterne Zweckarchitektur des Bundesverfassungsgerichts.

6

Kampf um Justitia *Als Karlsruhe nach dem Zweiten Weltkrieg seine Landeshauptstadtfunktion verlor, versuchten Stadt und Land durch die Ansiedlung von Bundesbehörden einen gewissen Ausgleich zu schaffen. Zunächst bewarb man sich um den Sitz des Bundesgerichtshofs – in Konkurrenz zu elf anderen Städten. Heftigster Rivale war Köln. Die Geschichte dieses Konkurrenzkampfes ist nicht ohne heitere Züge. Die Kölner behaupteten, dass der Wiederaufbau der Gebäude in Karlsruhe nicht schnell genug ginge. Bei einer „Spionagereise" nach Karlsruhe verwechselten sie allerdings das Schloss mit dem Erzherzoglichen Palais. Das Schloss war aber nie als Sitz des Bundesgerichtshofs vorgesehen gewesen... Nachdem 1950 die Entscheidung für Karlsruhe gefallen war, schlug die Bundesregierung vor, auch das Bundesverfassungsgericht hier anzusiedeln. Gegen den Widerstand der Berlin-Befürworter sprach sich die Mehrheit des Bundestags für Karlsruhe aus. Das Bundesverfassungsgericht bezog zunächst das Prinz-Max-Palais.*

In den folgenden Jahrzehnten bestand noch zwei Mal die Gefahr, dass Karlsruhe das Bundesverfassungsgericht wieder abgeben müsste. Anfang der 60er Jahre wurde das Prinz-Max-Palais zu klein. München lockte mit größeren Räumlichkeiten. Unter diesem Druck stellte Karlsruhe das Gelände des früheren Hoftheaters am westlichen Schlossplatz zur Verfügung. Die Ruinen des Theaters wurden abgerissen, von vielen wurde dieser Schritt sehr bedauert. In den Jahren 1965-1969 baute der Berliner Architekt Paul Baumgarten das aus fünf Pavillons unterschiedlicher Größe und Höhe bestehende Gebäudeensemble des Bundesverfassungsgerichts, das „demokratische Transparenz" ausstrahlen sollte. Als Materialien verwandte er Aluminium, Holz und Glas. Nach der Wiedervereinigung wurde 1990 noch einmal darüber diskutiert, das Bundesverfassungsgericht zu verlegen – und zwar nach Leipzig, wo sich vor dem Krieg die wichtigsten Gerichte befanden. Neben anderen Argumenten sprach aber gegen Leipzig, dass man es mit der Unrechtsjustiz des Reichsgerichts in der Nazizeit verband. Schließlich wurde Karlsruhe als Sitz der Gerichte bestätigt.

Neben dem Bundesverfassungsgericht, an der Hans-Thoma-Straße, befindet sich die **Staatliche Kunsthalle**. Heinrich Hübsch schuf hier in den Jahren 1837-1846 einen von der italienischen Renaissance inspirierten Museumsbau. Das Portal ist mit fünf allegorischen Reliefs der Künste geschmückt. Sehenswert ist in der Eingangshalle die Wandmalerei von Moritz von Schwind aus den Jahren 1841-1843, darunter das Bild „Die Einweihung des Freiburger Münsters". Das Museum wurde 1896 von Josef Durm durch den Ostflügel erweitert; 1908 fügte Heinrich Amersbach den Nordflügel (Hans-Thoma-Museum) hinzu. Ein moderner Erweiterungsbau wurde 1990 abgeschlossen. Zum Museumskomplex gehört außerdem die von Hübsch erbaute Orangerie.

Der moderne Erweiterungsbau der Kunsthalle wird von Horst Antes' „Kopffüßler" gekrönt.

6

Die Staatliche Kunsthalle zählt zu den ältesten und renommiertesten Museen Deutschlands. Ihren Ruhm verdankt sie vor allem den über Jahrhunderte gewachsenen Sammlungen der badischen Markgrafen und Großherzöge sowie den aus ehemaligem Kirchenbesitz stammenden Beständen. Das Museum zeigt Kunst aus sieben Jahrhunderten, vor allem deutscher, französischer und niederländischer Meister.

Dürer, Monet & Co. *Im Hauptgebäude der Kunsthalle entfaltet sich die deutsche Malerei von der Gotik bis zum Ende des 19. Jahrhunderts. Zu den Hauptwerken altdeutscher Malerei gehören Matthias Grünewalds Kreuztragung und Kreuzigung des Tauberbischofsheimer Altars, eine Gruppe von Werken Lucas Cranachs – darunter die kleine Tafel der Maria mit dem Kinde –, sowie Tafeln von Albrecht Dürer und Hans Baldung Grien. Ein weiterer Sammlungsschwerpunkt liegt bei der niederländischen Malerei des 16. bis 18. Jahrhunderts. Zu den besonderen Schätzen gehören hier das Selbstbildnis Rembrandts und die repräsentativen Porträts Peter Paul Rubens'. Die der französischen Kultur sehr zugetane Markgräfin Karoline Luise legte mit ihren Ankäufen den Grundstock für die herausragende Sammlung französischer Meister des 17. und 18. Jahrhunderts. Neben Gemälden mit religiösen Themen von Claude Lorrain und Nicolas Poussin finden sich eigenwillige Genrebilder der Brüder Le Nain und Galanterien von Nicolas Lancret und François Boucher. Ebenfalls sehr reichhaltig vertreten ist die französische Kunst des 19. Jahrhunderts. Plastische Werke von Honoré Daumier und Auguste Rodin stehen neben bahnbrechenden Arbeiten der*

Impressionisten, etwa von Claude Monet, Edgar Degas, Auguste Renoir, Camille Pissarro und Alfred Sisley. Ein weiterer Schwerpunkt ist die deutsche Malerei des 19. Jahrhunderts mit zahlreichen Werken von Künstlern, die an der Karlsruher Kunstakademie gelehrt oder studiert haben, so etwa von Anselm Feuerbach, Ferdinand Keller, Hans Thoma oder Johann Wilhelm Schirmer, dem Meister der Naturstudien.

Mit rund 80 000 Blättern ist das **Kupferstichkabinett** eine der ältesten und umfangreichsten Graphiksammlungen in Europa. In der **Orangerie** ist eine qualitativ hochwertige Auswahl an internationalen Werken des 20. Jahrhunderts untergebracht: von Kandinsky, Marc, Nolde, Dix und Klee bis zu Richter oder Antes. Hier befindet sich auch seit 1973 das erste deutsche **Kindermuseum**.

6

Gegenüber der Kunsthalle biegt die Waldstraße ab. Auf der linken Seite befindet sich in einem neobarocken, von Friedrich Ratzel 1900 errichteten roten Sandsteinbau der **Badische Kunstverein**. Mit bis zu zehn Ausstellungen im Jahr informiert der 1818 gegründete Verein als einer der ältesten deutschen Kunstvereine über aktuelle Entwicklungen der bildenden Kunst. Ergänzend werden Vorträge, Filmprogramme und Künstlergespräche veranstaltet. Durch den Ankauf von Werken und Ausstellungen versuchte der Kunstverein neben Hof und Kirche eine Mäzenatenrolle zu übernehmen. Der Kunstverein hatte auch Mut, sich gegen den herrschenden Publikumsgeschmack zu stellen: Mit der Ausstellung „Neue Kunstvereinigung München", bei der unter anderem Werke von Georges Braque, Pablo Picasso und Wassily Kandinsky gezeigt wurden, hatte er 1910 einen Skandal ausgelöst.

Seit 1909 befindet sich das Domizil des Badischen Kunstvereins in der Waldstraße 3.

Wo Münzen entstehen und wo sie ausgegeben werden

7

Weglänge: 1 000 Meter

Die Geldschmiede Badens: Die „Münze" war Weinbrenners letztes Werk.

Zurück in der Hans-Thoma-Straße sehen wir gegenüber der Kunsthalle das 1781 erbaute **Schwedenpalais**, das in den Jahren 1813 bis 1826 Wohnsitz der entthronten Königin Frederike von Schweden war. Links biegen wir in die **Stephanienstraße** ein, die in weiten Teilen ihren authentischen Charakter aus der Weinbrenner-Zeit bewahrt hat.

Bauvorschriften *Wer glaubt, dass Bauvorschriften Erfindungen unserer Zeit sind, der irrt. In der Planstadt Karlsruhe gab es schon vor über 250 Jahren genaue Vorgaben für den Bau neuer Häuser: Zunächst durfte nur einstöckig gebaut werden – mit Ausnahme der Ministerien am Zirkel, des Rathauses und des Gymnasiums. Nach der Bauvorschrift von 1752 sollten dann alle Gebäude zweistöckig sein, an die Stelle des Mansardendachs trat das Satteldach, und zwar mit Gaupen und überstehenden Traufen. Weinbrenner entwarf dann zwei-, drei- und sogar viergeschossige private Modellhäuser, deren Fassaden aus Stein sein mussten.*

Die Modellhäuser in der Stephanienstraße entstanden zwischen 1826 und 1836. Sie sind zweistöckig, manche sparsam mit einem Fries aus Ornamenten geschmückt, auf jeden Fall aber immer mit den typischen runden Tordurchfahrten. Ein besonders schönes Beispiel für ein adliges Stadthaus ist die Nr. 14, das Palais Munck, das sich außer durch die klassizistischen Ornamente auch durch einen schönen Balkon auszeichnet. Das **Rechtshistorische Museum** kann man im Haus Nr. 9 besuchen.

Im Schnittpunkt der Stephanienstraße mit der Karlstraße stoßen wir auf die **Staatliche Münze**. Dieses letzte Bauwerk Friedrich Weinbrenners wurde 1826 von Friedrich Theodor Fischer vollendet. Der Mittelteil des harmonisch gegliederten Baus schließt mit einem durchbrochenen Dreiecksgiebel ab. Ein besonderer Blickfang ist der Säulenbalkon über dem Portal. Im Giebel verweist ein Eichenkranz mit dem Initial L auf den Gründer der Münze, Großherzog Ludwig. In den Flügelbauten wohnten einst Münzmeister und Mechaniker. 1827 wurden hier in der Münzstätte die ersten Münzen mit Rheingoldgehalt hergestellt, aber schon Stadtgründer Karl Wilhelm hatte eigene Münzen prägen lassen. Karlsruhe ist heute eine von fünf Prägestätten in Deutschland, und alle Euro- und Centmünzen, die den winzigen Buchstaben G tragen, stammen von hier.

Biegt man in die Karlstraße ein, stößt man rechter Hand auf das **Prinz-Max-Palais**. Josef Durm baute das Palais in den Jahren 1881-1884 als Alterssitz für den Unternehmer August Schmieder (1824-1897). Der zweite Bewohner und Namensgeber für das Palais war Prinz Max von Baden (1867-1929), Vetter des letzten badischen Großherzogs Friedrich II. und designierter Thronfolger, der letzte Kanzler des Deutschen Kaiserreichs. Später waren im Prinz-Max-Palais nacheinander die Industrie- und Handelskammer, das Bundesverfassungsgericht und die Pädagogische Hochschule untergebracht. Heute ist es Domizil des Stadtmuseums, der
7 Literarischen Gesellschaft mit dem Museum für Literatur am Oberrhein, der Kinder- und Jugendbibliothek sowie der Kinemathek.

Die knapp 300-jährige Geschichte Karlsruhes wird im **Stadtmuseum** lebendig. Es wurde vor einigen Jahren neu gestaltet und zeigt jetzt nicht nur lange im Magazin verschwundene Sammlungsobjekte, sondern gibt auch anhand ganzer Rauminszenierungen eine plastische Vorstellung früherer Wohnverhältnisse und Lebensbedingungen. So sind etwa Wohnzimmer aus der Biedermeier-, der Gründerzeit und den Wirtschaftswunderjahren nachgestellt. Ein besonderes Kleinod ist eine originalgetreu eingerichtete Stadtapotheke aus der Weinbrenner-Epoche. Das **Museum für Literatur am Oberrhein** zeigt Handschriften, Briefe und andere Dokumente oberrheinischer Dichter und bietet abwechselnd mit dem Stadtmuseum auch verschiedene Sonderausstellungen.

Der Freiherr und sein Zweirad *Zu den besonderen Attraktionen des Museums gehört neben dem Stadtmodell „Karlsruhe 1834", das die bauliche Situation der Weinbrenner-Stadt darstellt, das Laufrad des* ***Freiherrn Drais von Sauerborn*** *(1785-1851). Es ist eine Holzkonstruktion mit zwei Holzrädern und einem Ledersattel, bei dem man sich abwechselnd mit dem linken und rechten Fuß vom Pflaster abstoßen muss – Vorgänger unseres heutigen Fahrrads. Wie viele Pioniere stieß er jedoch auf das Unverständnis seiner Zeitgenossen und musste deren Spott ertragen.*
Sein Ende war tragisch: Er wurde belächelt und verspottet, den amtlichen Behörden galt er als „geistesverwirrt" und lästig. Am 10. Dezember 1851 starb Karl Friedrich Freiherr Drais von Sauerborn völlig verarmt in Karlsruhe.

Vom Prinz-Max-Palais kommt man zum **Europaplatz**, einem der belebtesten, wenn auch nicht schönsten Plätze Karlsruhes, Kreuzungspunkt vieler Straßenbahnen. Er hat in den letzten Jahren vor allem durch die aufwändige Umgestaltung des ehemaligen Hauptpostamtes zum Einkaufszentrum „PostGalerie" entscheidende Veränderungen erfahren. Dabei wurde der denkmalgeschützte neobarocke Bau Wilhelm Walters (1850-1914) aus dem Jahre 1901 äußerlich nur wenig verändert, im Innern aber entstand auf 26000 Quadratmetern und sechs Geschossen ein „Shopping- und Erlebniscenter" mit über 50 Läden und Restaurants. Das Zentrum des 2001 eröffneten Einkaufsparadieses bildet ein von einer Glaskuppel gekröntes „Forum". Vor der „PostGalerie" zieht auf dem Europaplatz der hoch aufragende Obelisk des **Leibgrenadierdenkmals** die Blicke auf sich. Das Denkmal aus grauen Granitquadern wurde 1925 zum Gedenken an die Gefallenen des badischen Leibgrenadier-Regiments Nr. 109 geschaffen. Als Standort bot sich der Europaplatz an, hatte hier doch hundert Jahre lang die Infanteriekaserne gestanden, in der auch das Leibgrenadier-Regiment untergebracht gewesen war. Auf dem Denkmal werden alle Schlachtorte aufgezählt, an denen das Leibgrenadier-Regiment im 19. Jahrhundert sowie im Ersten Weltkrieg beteiligt war. Der Pfeiler wird durch einen bronzenen Greifen gekrönt.

Der **Stephanplatz** hinter der „PostGalerie" ist einer der beliebtesten Marktplätze Karlsruhes, ab und zu werden hier samstags auch Flohmärkte veranstaltet. Im Zuge der Neugestaltung des Postgebäudes wurde der Platz gründlich herausgeputzt. Obwohl sich inzwischen hier einige Straßencafés angesiedelt haben, wirkt der Stephanplatz doch – wenn nicht gerade Markttag ist – vor allem im direkten Vergleich mit dem Ludwigsplatz groß und leer. Die eindrucksvolle **Brunnenrotunde** mit 14 Pfeilern schuf

Kunst und Kommerz friedlich vereint – eine Quellnymphe im Brunnen auf dem Stephanplatz vor dem Eingang zum Einkaufsparadies PostGalerie.

Karlsruher Köpfe *Besonders originell sind die Wasser speienden Köpfe an der Innenseite der Pfeiler. Während im Entwurf noch einheitliche bärtige Faunsgesichter vorgesehen waren, schuf Hermann Binz dann tatsächlich fratzenhafte Gesichter stadtbekannter Persönlichkeiten, so unter anderem von Oberbürgermeister Karl Schnetzler, den Malern Ludwig Dill, Wilhelm Trübner und Hans Thoma sowie von Architekt Hermann Billing und sich selbst. Besonders gelungen ist die Persiflage auf Professor Reinhard Baumeister (man entdeckt den Kopf, wenn man in Richtung Waldstraße blickt). Der sittenstrenge Abgeordnete, der moralische Bedenken gegen das freizügige Brunnenprojekt geäußert hatte, wird von einer neckischen kleinen Nixe am Bart gezupft.*

Hermann Billing im Jahr 1905. Im Wasserbecken steht eine Quellnymphe mit zwei Vasen in der Hand.

7

Über die Karlstraße hinweg gelangen wir zum **Ludwigsplatz**. Der aus zwei Dreiecken bestehende, mit Ulmen bepflanzte Platz ist mit seinen vielen Straßencafés an lauen Sommerabenden einer der beliebtesten Treffpunkte der Karlsruher – und auch vieler Auswärtiger. Szene-Klassiker wie das „Ludwig's" oder das „Krokodil" tragen zum besonderen Ambiente dieses Platzes bei. Sehen und gesehen werden ist hier die Devise. Am Ludwigsplatz haben sich noch Häuser aus der Weinbrenner-Zeit erhalten, Richtung Karlstraße beeindruckt das in den Jahren 1914-16 erbaute blaue Haus, in dem sich die Gaststätte „Krokodil" befindet, durch seine reich gestaltete Fassade – besonders schön die Medaillons mit den Kopfreliefs aus der Majolika-Manufaktur. Auf dem Ludwigsplatz steht auch einer der letzten noch erhaltenen Weinbrenner-Brunnen. Er wurde als Marktbrunnen in gotischen Formen 1822 gebaut, nachdem die Wasserleitung von Durlach nach Karlsruhe eröffnet worden war und am Ludwigsplatz dreimal die Woche Markt abgehalten wurde.

Das „Krokodil" am Ludwigsplatz ist eine Karlsruher Institution.

Naturhort und Bücherburg – Naturkundemuseum und Badische Landesbibliothek

8

Weglänge: 850 Meter

Vorbild war das römische Pantheon: Die St. Stephanskirche, gebaut von Friedrich Weinbrenner.

Folgt man der Erbprinzenstraße, gelangt man nach wenigen Metern zum Friedrichsplatz. Westlich dieses schönen, großzügig gestalteten Platzes liegt die **St. Stephanskirche**. Für viele ist sie das genialste Bauwerk Friedrich Weinbrenners. Für die St. Stephanskirche (1808-1814) stand einmal mehr die Antike Modell: Vorbild ist der römische Pantheon. Die Kombination des Rundbaus mit den vier kurzen Seitenschiffen ergibt als Grundriss ein griechisches Kreuz. Der 63 Meter hohe Kirchturm war in Weinbrenners Konzeption ursprünglich gar nicht vorgesehen, er war eine Konzession an die katholische Gemeinde. Nicht ausgeführt wurden die Säulenarkaden und vier Eckbauten, die den Platz umfassen sollten. Die ursprüngliche Holzkonstruktion der Kuppel wurde beim Wiederaufbau nach dem Zweiten Weltkrieg durch Stahlbetonsegmente ersetzt. Dadurch ist der Innenraum acht Meter höher geworden. Der Haupteingang der Kirche wird von einer achtsäuligen Vorhalle mit toskanischen Kapitellen umrahmt. Das Innere der Kirche lohnt wegen einiger Kunstwerke einen Besuch. In der Kapelle neben dem Chor befindet sich ein Relief der Hl. Dreifaltigkeit des Konstanzer Bildhauers Hans Morinck aus der Zeit um 1600. Ein Teppichtriptychon von Emil Wachter aus dem Jahr 1963 hängt hinter dem Hochaltar. Die Kreuzwegstationen stammen von Emil Sutor (1960) und die Bronzereliefs am Hauptaltar von Alfred Erhart (1958/59).

Gegenüber der St. Stephanskirche, an der Ecke Friedrichsplatz/Ritterstraße stand früher das **Ständehaus**, das im Zweiten Weltkrieg zerstört worden war. 1993 wurde anlässlich des 175-jährigen Jubiläums der Verfassung von 1818 an seiner Stelle die **Stadtbibliothek** eröffnet. An das alte

Ständehaus erinnert die Eckrotunde zum Friedrichsplatz. Zum Gedenken an das frühere Parlamentsgebäude wurde eine „Erinnerungsstätte Ständehaus" eingerichtet.

Demokratie in Baden – das Ständehaus *Das Ständehaus wurde von dem Weinbrenner-Schüler Friedrich Arnold (1786-1854) errichtet. Im Jahre 1822 fand hier die erste Sitzung des badischen Landtags statt. Die Debatten, die im Karlsruher Ständehaus gehalten wurden, etwa über die Pressefreiheit, fanden weit über die Grenzen Badens hinaus Beachtung. Als ältestes Parlamentsgebäude Deutschlands war das Ständehaus ein Baudenkmal von außerordentlicher historischer Bedeutung, ein Symbol für die Demokratie in Deutschland. Umso bedauerlicher ist es, dass es nach seiner Zerstörung 1944 nicht wieder aufgebaut wurde.*

Auf der anderen Seite der St. Stephanskirche befindet sich an der Erbprinzenstraße der Neubau der **Badischen Landesbibliothek**. Ihre Ursprünge gehen bis in die Zeit um 1500 zurück. Heute verfügt die Badische Landesbibliothek über einen Bestand von 1,7 Millionen Bänden, hinzu kommen mehr als 11000 laufende Zeitungen und Zeitschriften. Die Zahl der Benutzer liegt bei etwa 36000 im Jahr.

Alte Bücher in neuen Gemäuern *Die bedeutende Sammlung von rund 4000 Handschriften enthält Kostbarkeiten wie das Speyerer Evangeliar von 1197, die Bibla Sacra des Martin Koczek (um 1400), das Waltharilied und die Bonifatiusbriefe in den Hirsauer Handschriften. Der umfangreiche Fundus der Landesbibliothek umfasst auch die wertvolle Bibliothek des Humanisten Johann Reuchlin von 1522 sowie Nachlässe und Sammlungen von badischen Autoren wie Phillipp Melanchthon, Hans Jakob Christoffel Grimmelshausen und Johann Peter Hebel, das Nibelungenlied sowie die Fürstenbergische Sammlung.*

Gegenüber dem Hort der Gläubigkeit liegt der Hort des Wissens, die Badische Landesbibliothek.

Hinter diesen neobarocken Mauern tagt das höchste deutsche Gericht: der Bundesgerichtshof.

1991 wurde das neue Bibliotheksgebäude von Oswald Mathias Ungers eingeweiht. Ungers bezieht sich mit seiner Architektur klar auf die dominierende Stellung der St. Stephanskirche innerhalb der städtischen Platzanlage und die Grundideen der Weinbrennerschen Konzeption. Der Kölner Architekt benutzt das Weinbrennersche Vokabular – etwa den Pantheonraum, die Giebelteilung der Kirche, die Arkaden – und stellt es in einen neuen Zusammenhang. Die Landesbibliothek ist als geometrisch strenger Baublock konzipiert, der einen begrünten Innenhof umschließt. Um den Innenhof legt sich wiederum eine Arkade. Der Lesesaal als Zentrum der Bibliothek und des enzyklopädischen Wissens wird von einer kuppelförmigen Halbkugel – Abbild des Weinbrennerschen Pantheonbaus – gekrönt.

Westlich von der Landesbibliothek biegt die Herrenstraße ab. Wir folgen ihr Richtung Karlstor bis zum **Bundesgerichtshof**, der sich im ehemaligen Erbgroßherzoglichen Palais befindet, das in den 1890er Jahren von Josef Durm im neobarocken Stil erbaut wurde. Der mit reichem Skulpturenschmuck versehene Bau trägt auf seinem Kuppeldach eine Krone. Der Bundesgerichtshof ist die höchste richterliche Instanz Deutschlands in Zivil- und Strafprozessen; bis auf wenige Ausnahmen ist er Revisionsgericht, das heißt, er überprüft die rechtliche Beurteilung eines Falles durch vorhergehende Instanzen.

Wir gehen durch die Blumenstraße vorbei an Weinbrenner-Modellhäusern und dem Jugendstilbau des Ev. Oberkirchenrates zurück zum Friedrichsplatz, der im Süden vom Neorenaissance-Bau des **Staatlichen Museums für Naturkunde** dominiert wird. Joseph Berckmüller (1800-1879), ein Weinbrenner-Schüler, errichtete das imposante Gebäude in den Jahren 1866-1872 für die Großherzogliche Sammlung sowie die Hof- und Landesbibliothek. Im Zweiten Weltkrieg zerstört, dauerte der Wiederaufbau bis 1972.

Bedeutende Sammlungen zur Botanik, den Erdwissenschaften, der Entomologie und Zoologie machen den Bestand des Museums aus, das auch

Vom Lurch bis zum Wal: Das Naturkundemuseum beherbergt viele Schätze für naturbegeisterte Besucher.

Die neugierige Gräfin *Das Naturkundemuseum geht auf das berühmte Naturalienkabinett der Markgräfin Karoline Luise von Baden (1723-1783) zurück. Schon als junges Mädchen hatte Karoline Luise, Prinzessin von Hessen-Darmstadt, neben ihrer Leidenschaft für die Kunst ein lebhaftes Interesse für Naturwissenschaften gezeigt. Ihre wissenschaftlichen Studien setzte die hochgebildete Frau nach ihrer Heirat mit Markgraf Karl Friedrich auch in Karlsruhe fort. Zwischen 1752 und 1783 legte sie somit den Grundstock für die Naturaliensammlung, die 1785 erstmals als Museum den Bürgern zugänglich gemacht wurde. Karlsruhe besitzt damit eines der ältesten wissenschaftlich geführten Naturkundemuseen Deutschlands.*

8

ein Forschungsinstitut von internationalem Rang ist. Besonderer Anziehungspunkt im Erdgeschoss ist ein Vivarium mit Süß- und Seewasseraquarien sowie Terrarien für Lurche und Kriechtiere. Im Bereich Geologie, Mineralogie und Erdgeschichte sind berühmte Funde aus dem südbadischen Öhningen und aus Höwenegg im Hegau zu sehen. Im Treppenhaus beeindruckt die große Holzmadenwand mit Versteinerungen von Fischsauriern, Krokodilen, Fischen, Seelilien und Kopffüßlern. Der Insektenschau und einem Raum mit präparierten Tieren aus Afrika schließt sich ein lang gestreckter Saal an, in dem heimische Säugetiere und Vögel als biologische Gruppen in ihren Lebensräumen „Kulturland", „Wald" und „Wasser" gezeigt werden. Das größte Schauobjekt des Museums ist das Skelett eines fast 13 Meter langen Nordkaper-Wals.

Hinter dem Naturkundemuseum liegt der **Nymphengarten**. Auch in seiner heutigen reduzierten Form und mit der störenden Geräuschkulisse der Kriegsstraße im Hintergrund bezaubert der Nymphengarten noch immer mit seinem verwunschenen Charme. Findlingsblöcke unter schattigen Bäumen, die Ruinen eines ehemaligen Schlösschens, eine anmutige

Nymphengruppe – der Park bildet einen starken Kontrast zur aufgeräumten, klar abgezirkelten Grünanlage auf dem Friedrichsplatz vor dem Naturkundemuseum.

Ruinen im Park *Der Nymphengarten wurde als englischer, also naturnaher Garten konzipiert. Erbprinz Karl Ludwig ließ ihn zu Beginn des 19. Jahrhunderts von Johann Michael Schweickardt und Friedrich Weinbrenner anlegen. Der damalige Erbprinzengarten war allerdings wesentlich weiträumiger als der heutige Nymphengarten, auch ein kleines Eichenwäldchen gehörte dazu. Schweickert und Friedrich Weinbrenner schufen eine Art Gesamtkunstwerk, eine romantische Inszenierung, von der der heutige Nymphengarten noch eine vage Vorstellung vermittelt.*
So schmückten zwei heute untergegangene Bauten den Park. Beide standen in enger Beziehung zu Erbprinz Karl Ludwig, dem 1801 tragisch verstorbenen Sohn des Markgrafen Karl Friedrich. Der Gotische Turm, im Volksmund auch „Mäuseturm" genannt, war 1802 zum Andenken an den in Schweden verunglückten Erbprinzen errichtet worden und musste 1867 der Verlagerung der Lammstraße weichen. Das von Weinbrenner erbaute Amalienschlösschen war als Karl Ludwigs Sommeraufenthalt vorgesehen gewesen und diente nach dessen Tod seiner Witwe, Markgräfin Amalie, als Gartenpalais. Heute tragen die Mauerreste des Palais zur verträumten Atmosphäre des Nymphengartens bei. Dass die großherzogliche Familie diesen intimen Park sehr schätzte, zeigt eine Tafel der aus Karlsruhe stammenden Kaiserin Elisabeth von Russland. Die Inschrift stammt aus dem Jahr 1814, als die Zarin erstmals in ihre badische Heimat zurückkehrte: Du kleiner Ort, wo ich das erste Licht gesogen, den ersten Schmerz, die erste Lust empfand, sei immerhin unscheinbar unbekannt, mein Herz bleibt ewig doch vor allen Dir gewogen, fühlt überall nach Dir sich heimlich hingezogen, fühlt selbst im Paradies sich doch aus Dir verbannt.

Die **Nymphengruppe** hat zur Zeit ihrer Entstehung Ende des 19. Jahrhunderts viel Wirbel ausgelöst. Streit gab es vor allem um die Nacktheit der Nymphen. Diese gehörten nach Ansicht mancher Kritiker nicht in einen öffentlichen Park, sondern in einen Privatgarten, wo „im Allgemeinen der geläuterte Geschmack vorausgesetzt werden darf". Die Nymphengruppe stand damals in einem See, zu dem es keinen Zugangsweg gab. Eine künstliche Kraterlandschaft unter hohen Eichen sorgte für eine dramatische Kulisse, die nach der Umgestaltung Anfang der 1960er Jahre leider verloren gegangen ist.

Idylle neben der Kriegsstraße: Der Nymphengarten war früher ein verwunschener Park.

8

Vom Shoppen zur Neuen Kunst
Südweststadt und ZKM

9

Weglänge: 2 100 Meter

Über die Amalienstraße gehen wir zurück zum Stephanplatz. Die südliche Waldstraße lockt als hübsche Einkaufsstraße mit eleganten Boutiquen und Restaurants. Unser Rundweg führt über die Hirschstraße zur Kriegsstraße, an der uns eine Fußgängerunterführung auf die andere Seite der Stadtautobahn und damit direkt in die Südweststadt bringt. Dieses Stadtviertel entwickelte sich ab den 1880er Jahren und ist zum großen Teil rasterförmig angelegt, nur selten durchbrechen kurvige Straßen wie etwa die Boeckhstraße dieses Muster. Die sehr einheitliche Bauweise verstärkt den Eindruck einer gewissen gepflegten Gleichförmigkeit. Häuser und Gärten sind herausgeputzt, das attraktive Wohnviertel strahlt einen gewissen Wohlstand und eine gediegene Bürgerlichkeit aus. Im Gegensatz zur Süd- oder Weststadt hat die Südweststadt keinen zentralen Platz, aber sie bietet doch ein Wahrzeichen: die Hirschbrücke. Wenn wir der Hirschstraße weiter folgen, kommen wir automatisch dorthin. Im Sommer wird hier alljährlich das beliebte „Hirschbrückenfest“ mit akustischen und kulinarischen Leckerbissen gefeiert.

Verspielte Hausfassade in der Putlitzstraße.

Die Existenz der **Hirschbrücke** ist nur zu verstehen, wenn man weiß, dass Ende des 19. Jahrhunderts noch die Eisenbahn durch die Jolly- und die Mathystraße auf der Trasse der heutigen Straßenbahn fuhr. Die Bahn verband Mannheim, Schwetzingen, Graben, Karlsruhe und Maxau. 1891 war die Hirschbrücke nach einem Entwurf von Hermann Schück fertiggestellt. Mit ihren gusseisernen Säulen und Geländern bringt sie einen Hauch von Pariser Flair in die Südweststadt. Dieses Symbol des Eisenzeitalters erhält seinen besonderen Reiz durch den Kontrast der fein gearbeiteten gusseisernen Teile mit den beiden kompakten Stützmauern aus rotem Sandstein in der Mitte der Brücke. Im Norden und Süden wird die Hirschbrücke von mächtigen Sandsteinmauern mit Treppenaufgängen abgeschlossen. Wir gehen die Treppe der Hirschbrücke zur Mathystraße hinunter und folgen ihr Richtung Westen bis zur Otto-Sachs-Straße. An der Ecke zur Gartenstraße steht das ehemalige Wasserwerksgebäude, das 1871 mit der zentralen Wasserversorgung der Stadt fertiggestellt wurde. Später wurde es als Stadtarchiv genutzt.

Der badische Frauenverein *Der ganze Gebäudekomplex an der kurzen Otto-Sachs-Straße sowie die anschließenden Häuser in der Gartenstraße gehörten früher dem Badischen Frauenverein. Der Verein war 1859 auf Initiative der Großherzogin Luise gegründet worden und wurde zu einer wichtigen Sozialeinrichtung. Er widmete sich der Krankenpflege, der Armenfürsorge und der Ausbildung von Krankenschwestern. Vor allem Frauen aus dem gehobenen Bürgertum und dem Adel bot der Frauenverein, der keinesfalls zu emanzipatorisch auftreten wollte, ein Betätigungsfeld. Allein in Karlsruhe hatte der Badische Frauenverein 1890 schon 500 Mitglieder, 1908 waren es mehr als 75 000 in ganz Baden. 1937 wurde der Verein von den Nationalsozialisten aufgelöst. Das Friedrichsstift in der Otto-Sachs-Straße wurde 1883 von Großherzogin Luise gegründet. Hier fanden unverheiratete Frauen und Witwen aus den höheren Schichten eine angemessene Unterkunft. Die 2- bis 3-Zimmer-Wohnungen waren ständig belegt. Jungen Mädchen aus der Mittelschicht, die damals nur wenige Berufsmöglichkeiten hatten, gab man gleichzeitig in der angegliederten Haushaltsschule eine Ausbildung als Krankenschwester, Kinderschwester oder Haushälterin. Heute ist das Friedrichsstift ein Altersheim.*

Wir überqueren nun die große Straßenkreuzung Gartenstraße/Jollystraße/Brauerstraße, um auf die andere Seite des Brauerboulevards zu gelangen. In den letzten zehn Jahren ist das gesamte Areal zwischen Brauer- und Lorenzstraße umgestaltet worden. Neben einem Museumskomplex entstand eine Reihe von Neubauten, die das Gesicht dieses Viertels völlig veränderten. Unter anderem wurden hier das neue Arbeitsamt, die Bundesanwaltschaft und der Filmpalast am ZKM errichtet. Die **Bundesanwaltschaft** war früher wie der Bundesgerichtshof im Erbgroßherzoglichen Palais untergebracht, wo die Räumlichkeiten jedoch bald zu klein wurden. 1998 bezog man den von Oswald Maria Ungers errichteten Neubau. Der Bau erinnert an eine Festung: ein schneeweißer, halbkreisförmig geschnittener, kompakter Baukörper liegt hinter einer 5,40 Meter hohen, ebenfalls weißen Umfassungsmauer, in die kleine Fenster wie Schießscharten eingebaut sind. Der Festungscharakter hat seine Ursache in den Anschlägen der Roten Armee Fraktion während der 70er und 80er Jahre. Ungers sieht seinen Bau als modernes Stadtpalais – aber es ist ein Palais mit sprödem Charme.

Etwas versetzt vom Brauerboulevard – hinter der Bundesanwaltschaft und dem Filmpalast – steht das größte Kulturzentrum Karlsruhes. In einer gigantischen ehemaligen Fabrikhalle reihen sich hier mehrere Museen – ZKM, Städtische Galerie, Museum für Neue Kunst – sowie die Karlsruher Hochschule für Gestaltung aneinander.

Theoretisch könnte man sich tagelang in dem riesigen, 1997 eröffneten Museumsbau aufhalten, die meisten werden aber wahrscheinlich schon aus Zeitmangel eine Auswahl treffen müssen. Ein Überblick mag die Wahl erleichtern. Wir beginnen unseren Rundgang mit der **Städtischen Galerie**, die den südlichsten Teil (Lichthof 10) des Gebäudes einnimmt. Die Städtische Galerie ging aus der Sammlung Ferdinand Siegel hervor, die

1896 der Stadt Karlsruhe überlassen wurde. Eine Fülle von Nachlässen, Schenkungen und Erwerbungen kam im Lauf der Jahre hinzu, darunter vor allem Werke badischer Kunst seit 1850, die einen Schwerpunkt der Sammlung bildet. Ein weiterer Akzent liegt auf der südwestdeutschen Gegenwartskunst. Eine große Bereicherung stellt die Dauerleihgabe der Sammlung Garnatz mit hochwertigen Arbeiten westdeutscher Kunst ab den 1960er Jahren dar. Dazu gehören Schlüsselwerke der deutschen Malerei, Plastik und Fotografie. Die großzügige Leihgabe ergänzte sinnvoll die Bestände des Museums und fügte ihr auch namhafte Vertreter deutscher Kunst hinzu, die bislang im Kunstbesitz der Stadt fehlten, etwa Sigmar Polke, Jörg Immendorff und A. R. Penck. Zu den Glanzpunkten der Sammlung zählen auch Arbeiten von Markus Lüpertz, Per Kirkeby und Georg Baselitz, die allesamt in Karlsruhe lehrten.

An die Städtische Galerie schließt sich das 1989 gegründete **Zentrum für Kunst und Medientechnologie** (ZKM) an, das insgesamt vier von zehn Lichthöfen des Bauwerks einnimmt. Das ZKM ist in seiner Mischung als Museum, Dokumentations-, Produktions- und Forschungsstätte eine weltweit einzigartige Kulturinstitution. In der Zusammenarbeit von Künstlern, Informatikern und Wissenschaftlern entstehen in der Auseinandersetzung mit neuen Technologien multimediale Kunstwerke – das können

9

Der blaue Kubus des Tonstudios vor dem imposanten Gebäudekomplex des ZKM.

Schöne neue (Medien-)Welt *Interaktive Installationen und Environments beziehen den Besucher direkt mit ein, das heißt Töne, Bilder und Sequenzen werden von ihm mitgestaltet. So kann der Besucher in einem virtuellen Buch schmökern und dabei überraschende Effekte auslösen, er kann Pflanzen zum Wachsen bringen und virtuelle Seifenblasen in die Luft steigen lassen. In der Installation „Web of Life" werden die eigenen Handlinien mit Linien im Netz verknüpft und in Töne und Bilder umgesetzt. Einige der Kunstwerke im Medienmuseum sind inzwischen schon zu Klassikern geworden, so etwa das schon 1988 entstandene „Legible City" des Medienkunstpioniers Jeffrey Shaw, bei dem man mit einem Standfahrrad durch eine virtuelle Stadt radelt. Die Abteilung „Welt der Spiele" ist vor allem bei Kindern beliebt.*

interaktive Installationen im Medienmuseum sein, künstlerische CD-ROM-Produktionen, aber auch Inszenierungen für das Medientheater oder Konzerte für das Tonstudio im blauen Kubus. Die künstlerische Produktion findet im Institut für Bildmedien, im Filminstitut und im Institut für Musik und Akustik statt. Darüber hinaus existieren ein Institut für Netzentwicklung für die Online-Aktivitäten des Hauses und ein Institut für Grundlagenforschung. Die **Mediathek** bietet eine der umfassendsten Sammlungen zeitgenössischer Musik, Videos und Literatur zur Gegenwartskunst. Besonderer Anziehungspunkt ist das **Medienmuseum**, das weltweit als eines der ersten interaktiven Museen eröffnet wurde.

Die nördlichsten beiden Lichthöfe (Richtung Gartenstraße) werden seit 1999 vom **Museum für Neue Kunst** eingenommen, das 1997 eröffnet wurde. Auf über 7000 Quadratmetern Ausstellungsfläche werden Werke aus ZKM-Beständen mit bedeutenden baden-württembergischen Privatsammlungen zusammengeführt. Es handelt sich dabei um die Sammlungen Siegmund Weishaupt, Froehlich, FER und Grässlin. Tendenzen europäischer und amerikanischer Kunst von 1960 bis heute werden in wechselnden Kombinationen vorgestellt. Unter anderem sind Werke der amerikanischen Pop Art und des abstrakten Expressionismus zu sehen, etwa von Andy Warhol, Roy Lichtenstein und Mark Rothko. Die deutsche Malerei der Gegenwart ist prominent mit Gerhart Richter, Sigmar Polke und Georg Baselitz vertreten. Arte Povera, Minimal Art und Konzeptkunst, unter anderem von Jannis Kounellis, Donald Judd oder Joseph Kosuth, stehen für jüngere wegweisende Entwicklungen. Bilder, Skulpturen und Installationen der 1980er und 1990er Jahre, etwa von Tobias Rehberger, Martin Kippenberger und Sylvie Fleury, runden das Spektrum ab.

Bietet ungewöhnliche Perspektiven: das Museum für Neue Kunst.

Zwischen dem ZKM und dem Museum für Neue Kunst ist die **Staatliche Hochschule für Gestaltung** (HfG) angesiedelt. Sie wurde 1992 eröffnet, um auch in der Lehre eine Verbindung zwischen klassischen Künsten und den neuen Medientechnologien herzustellen. Eine enge Zusammenarbeit mit dem ZKM war von Beginn an beabsichtigt. An der HfG kann man unter anderem Produkt-, Grafikdesign und Szenografie, aber auch Philosophie, Medientheorie und Kunstwissenschaft studieren.

Ein Besuch des Museumszentrums lohnt sich aber nicht nur wegen des Kunsterlebnisses, sondern auch wegen der einmaligen Architektur der ehemaligen Munitionsfabrik. Zunächst einmal überwältigt den Betrachter schon die schiere Größe des Baus – über eine Länge von 312 Metern reihen sich zehn Lichthöfe aneinander. Die Fassade ist ziemlich schlicht gehalten, gegliedert nur durch sechs vorspringende Gebäudeteile, die die endlosen Fensterreihen auflockern.
Im Gegensatz zum Äußeren wirkt das Innere geradezu pompös – die hohen lichten Hallen, die kaum durch Mauern unterbrochen werden, die umlaufenden Galerien, die immer wieder Durchblicke ermöglichen, und die filigran wirkenden Betonstreben schaffen einen fast kathedralenartigen Charakter. Für Museen sind solche Räumlichkeiten, so eindrucksvoll sie sind, wegen der fehlenden Stellwände, aber auch wegen ihrer Helligkeit

9

Mehr als nur Kinos befinden sich im Filmpalast am ZKM. Vom Imbiss bis zur Sushi-Bar gibt es alles, was den Filmgenuss noch erhöhen kann.

nur schwer nutzbar, weshalb die Architekten Schweger und Partner beim Umbau in den Jahren 1995 bis 1997 Konzessionen machen mussten. Alles in allem ist ihnen aber ein sehr behutsamer Umgang mit dem Industriedenkmal gelungen, auch die Verbindung zwischen Alt und Neu ist geglückt. Der vorgelagerte gläserne blaue Kubus, in dem sich das Tonstudio des Musikinstituts befindet, ist längst zu einer Art Emblem des ZKM geworden.

Von der Munitionsfabrik zum Musentempel *Als Philipp Jacob Manz in den Jahren 1915 bis 1918 das Fabrikgebäude schuf, war es eines der ersten Beispiele des modernen Betonskelettbaus. Der Stuttgarter Architekt gehörte zu den Pionieren moderner Industriearchitektur, für die nicht mehr Burgen oder Schlösser Vorbilder für Fabrikbauten waren, hinter deren prunkvollen Fassaden man die Industrieanlagen quasi schamhaft versteckte, sondern die einen funktionaleren Baustil propagierten. Die Hallen sollten „groß, unverstellt und ohne Abtrennung durch Einbauten sein" (Peter Behrens). Die Lichthöfe, die heute für den Besucher einen besonderen Reiz darstellen, hatten funktionalen Charakter: für die Produktion der Patronenhülsen brauchte man so viel Licht wie möglich.*

Das heutige Kunstzentrum war nämlich einmal eine der größten Waffenschmieden des Deutschen Reichs. Schon 1872 hatte der Ingenieur Wilhelm Lorenz auf dem damals noch außerhalb der Stadt gelegenen Gelände Patronen hergestellt. 1889 verkaufte er seine Fabrik an die Deutsche Waffen- und Munitionsfabriken AG (DWM) in Berlin. Im Ersten Weltkrieg erlebte die Munitionsfabrik einen großen Aufschwung, so dass ein Neubau notwendig wurde. Mitten in den Kriegsjahren entstand so der 1918 fertig gestellte riesige Hallenbau A, der heutige Museumskomplex, in dem zeitweilig bis zu 9000 Menschen beschäftigt waren. Auch im Zweiten Weltkrieg herrschte wieder Hochkonjunktur. 1944 wurden hier 2,5 Millionen Patronen im Monat dazu Geschütze, Maschinenteile, u. a. produziert, zum großen Teil von ausländischen Zwangsarbeitern. Dieses finstere Kapitel ist erst in den letzten Jahren gründlich aufgearbeitet worden. Am Haupteingang des ZKM erinnert eine Tafel an die wenig rühmliche Vergangenheit des Hauses. Merkwürdigerweise überlebte die riesige Waffenfabrik fast unversehrt den Bombenkrieg. Bis 1978 produzierte das sich jetzt Industriewerke Karlsruhe-Augsburg (IWKA) nennende Unternehmen an der Lorenzstraße, dann verlegte man den Standort ins Umland.

Die Stadt Karlsruhe fand nach der Stilllegung des Fabrikbetriebes und einigem Hin und Her schließlich mit dem ZKM einen idealen Nutzer für das riesige, unter Denkmalschutz stehende Gebäude. Das ZKM war 1989 als Stiftung des öffentlichen Rechts gegründet worden und anfangs nur provisorisch an verschiedenen Orten in der Stadt untergebracht. In einer denkwürdigen Abstimmung entschied sich der Karlsruher Gemeinderat 1992 für den Hallenbau. Fünf Jahre später bezog das ZKM dort sein neues Domizil.

Wettkämpfe und Erholung
Europahalle und Günther-Klotz-Anlage

Fußgänger, Radler und Skater teilen sich die Wege in der Günther-Klotz-Anlage.

Nach dem ausgiebigen Museumsbesuch bietet sich als Entspannungsprogramm ein Ausflug in die nahe gelegene **Günther-Klotz-Anlage** an. Vom ZKM aus erreicht man die Grünanlage über die Verlängerung der Südendstraße. Wenn man direkt von der Innenstadt kommt, nimmt man die Straßenbahnlinie 5 (ab Marktplatz) bis zur Haltestelle Weinbrennerplatz oder die Linie 1 (Marktplatz oder Europaplatz) bis zur Haltestelle Europahalle.

Die Günther-Klotz-Anlage ist nach Schloss- und Stadtgarten der dritte große Park in Karlsruhe – und der jüngste. Er entstand erst in den 1970er Jahren.

Die Günther-Klotz-Anlage zieht sich auf einer Fläche von 46 Hektar die Alb entlang. Wiesen und Seen, Sport- und Spielstätten, aber auch Kleingärten prägen ihr Gesicht. Ins sportliche Bild dieses Freizeitparks passt gut die Europahalle, die einzige Großsporthalle Karlsruhes. Auch als Schauplatz von Open-Air-Veranstaltungen hat sich die Günther-Klotz-Anlage einen Namen gemacht: Im Juli zieht „Das Fest" regelmäßig Zehntausende von Besuchern an, die die besondere Stimmung der Pop- und Rockkonzerte oder auch des sonntäglichen Klassikfrühstücks unter freiem Himmel lieben.

Zwei Hauptachsen erschließen den Park: die eine führt vom Weinbrennerplatz zur Europahalle und weiter Richtung Alb. Über eine Brücke geht es dann weiter bis nach Oberreut. Dagegen verläuft die Nussbaumallee parallel zum renaturierten Bachlauf und verbindet den Kühlen Krug (Straßenbahnhaltestelle und auch Gaststätte) im Westen mit der Breiten Straße in Beiertheim. Hat man Lust auf eine längere Wanderung, kann man noch weiter die Alb entlang laufen bis nach Rüppurr ganz im Süden der Stadt. Einzige Unterbrechung dieses kilometerlangen grünen Bandes ist die Eisenbahnlinie, die man aber hinter Beiertheim leicht auf einer Brücke überqueren kann. Die Nussbaumallee gleicht allerdings an schönen Sonntagen schon beinahe einer Rennstrecke, so viele Skater und Fahrradfahrer tummeln sich hier. Als Alternative bietet sich der ruhigere Weg auf der anderen Seite der Alb an. Drei kleine Seen tragen zum besonderen Reiz der Günther-Klotz-Anlage bei, und wie es sich für einen ordentlichen Park gehört, kann man auf einem der Seen auch mit Booten fahren. Der 15 Meter hohe Rodelhügel ist nicht nur im Winter attraktiv, er ist zu jeder Jahreszeit ein beliebter Ausblickspunkt – eine der seltenen Möglichkeiten, die Stadt in der Rheinebene einmal von oben anzuschauen. Am Rande des Rodelhügels und vor der Europahalle liegen die Paradiese der Skater, beliebte Treffpunkte der Jugendlichen.

Mit weit aufgerissenen Augen empfängt die „Europa", eine Skulptur von Jürgen Goertz, vor der **Europahalle** den Besucher. Die auf dem Kopf stehende Plastik mit ihren voluminösen Formen – sie hält zwischen den Beinen einen Stierkopf und in den Händen Friedenstauben – hat 1983 bei ihrer Aufstellung für großes Aufsehen gesorgt. Nicht jeder mochte sich mit dieser Darstellung von Europa identifizieren und ein Journalist bezeichnete sie damals als eine „Miss mit verzerrtem Gesicht, als ob sie Verdauungsschwierigkeiten hätte". Heute gehört die kopfstehende „Europa" ganz selbstverständlich zur Europahalle und zur Günther-Klotz-Anlage.

Die „Europa" steht Kopf vor der nach ihr benannten Halle für sportliche Großveranstaltungen.

Die Europahalle wurde 1983 eröffnet. Nach Plänen der Architekten Schmitt, Kasimir und Partner wurde sie als moderne Mehrzweck- und Großsporthalle auch für Veranstaltungen internationalen Zuschnitts gebaut. Die Tribünen bieten mehr als 4000 Personen Platz. Neben einer 200-Meter-Laufbahn verfügt die Halle über Wettkampf- und Trainingsstätten für zahlreiche Sportarten. Markant wirkt das Äußere durch zwei über 30 Meter hohe Pylone, an denen die Drahtseile verankert sind, die die Dachkonstruktion halten. So stören im Inneren keine tragenden Pfeiler den Blick. Um die Halle in der Grünanlage nicht zu wuchtig wirken zu lassen, wurde die Hälfte des Baukörpers abgesenkt. Auch durch diese geringe Höhe wirkt der Aluminium- und Glasbau leicht und schwerelos. Mit zahlreichen internationalen Sportveranstaltungen hat die Europahalle ganz wesentlich zu Karlsruhes Ruf als Sportstadt beigetragen.

Abstecher in die Südstadt

Weglänge: 1700 Meter

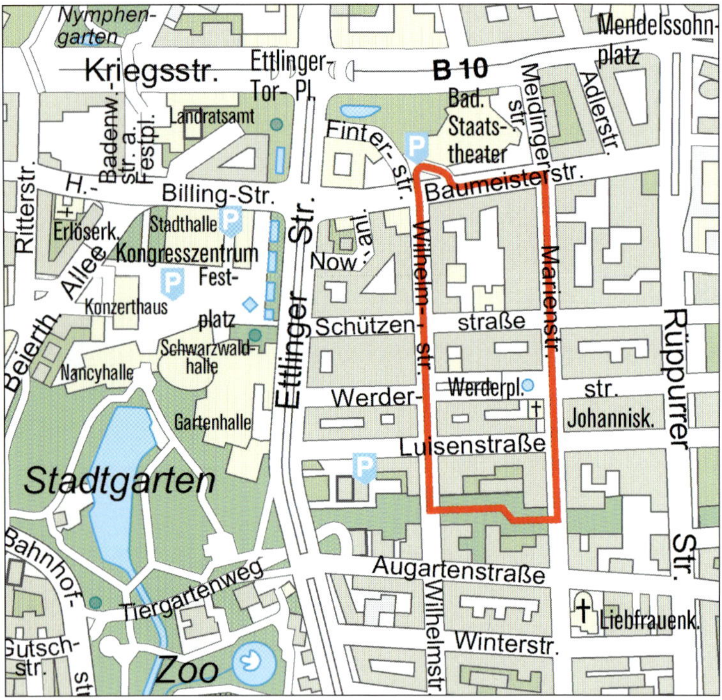

Ein Rundgang durch die Karlsruher Südstadt gehört zwar nicht unbedingt zum touristischen Standardprogramm, denn es fehlen die großen architektonischen Glanzlichter, dennoch ist ein Streifzug durch dieses ursprünglich gebliebene und sehr lebendige Viertel auf jeden Fall zu empfehlen. Im Norden wird die Grenze der Südstadt von der Kriegsstraße markiert, im Westen durch die Ettlinger Straße, im Süden und Osten durch die Bahnlinie. Was dazwischen liegt, ist eine Welt für sich. Kein Karlsruher Stadtteil ist so dicht bevölkert, keiner so multikulturell und wahrscheinlich auch keiner so voller schräger Vögel und bizarrer Geschichten. Und warum die Bewohner dieses Stadtteils sich ausgerechnet Südstadtindianer nennen, ist eine ganz besondere Geschichte, auf die wir an geeigneter Stelle zurückkommen werden.

Vom Staatstheater kommend, stößt man südlich auf die **Baumeisterstraße**. Es ist die älteste Straße der Südstadt, von hier aus hat sich das Viertel seit 1862 nach Süden hin entwickelt. Dabei wurde der fächerförmige Grundriss der Kernstadt nicht wieder aufgenommen, vielmehr bevorzugte man einen schachbrettartigen Grundriss: fast alle Straßen der Südstadt treffen im rechten Winkel aufeinander. Auch deshalb wirkt dieser Stadtteil so geschlossen.

Kurz nach Beginn der Bauarbeiten für die Bahnlinie entstanden bereits in den 1840er Jahren die ersten Werkhallen, in denen Eisenbahnwaggons, Lokomotiven und Maschinen gefertigt wurden. Weil die Arbeiter Unterkünfte brauchten, wurden die südlich der Bahnlinie gelegenen „Augärten" zur Bebauung freigegeben. Die „Eisenbahnervorstadt" entstand. In etwa drei Jahrzehnten wurde der größte Teil des Viertels hochgezogen – zunächst abgeschnitten vom Rest der Stadt durch Bahngleise und Schranken. Erst als 1913 der jetzige Hauptbahnhof eröffnet wurde, begann für die Südstadt ein neues Zeitalter ohne störende Begleitmusik stampfender und dampfender Eisenbahnen.

Die lebendige Kneipenszene der Südstadt hat Tradition. Nur sind an die Stelle der *Goldenen Gerste* und des *Schildbürgers* längst der Italiener und der Grieche getreten. Das schönste Haus der Baumeisterstraße ist sicherlich die Nr. 8a, ein Gründerzeitbau mit Runderker, in dem sich heute das Staatliche Vermessungsamt befindet. Außerdem haben sich hier einige der ältesten Häuser des Viertels im klassizistischen Stil erhalten. Linker Hand gleich hinter dem Theater biegt die Meidingerstraße ab. Hier sollte man einen kurzen Blick auf den 1937 entstandenen Wohnblock des Mieter- und Bauvereins mit seinem großzügigen, begrünten Innenhof werfen und ganz besonders auf das schmiedeeiserne Tor zu dieser Wohnanlage. Unter dem Motto „Ehre der Arbeit – Sozialismus der Tat" wird hier in verschiedenen szenischen Bildern ein nationalsozialistisches Loblied auf Bauern („Der Nährstand") und Arbeiter gesungen. Bilder von Wehrmachtssoldaten, Hitler-Jungen und BDM-Mädchen sind allerdings heute ebenso verschwunden wie das Hakenkreuz.

Wir gehen zur Baumeisterstraße zurück und biegen in die **Marienstraße** ein, eine der Hauptachsen der Südstadt und sicherlich eine ihrer charaktervollsten Straßen. Sie ist typisch für dieses Arbeiterviertel: eng, dicht bebaut, die Häuser zwei- bis dreistöckig mit schnörkellosen Fassaden, dahinter Höfe. Laute Türkenmusik schallt einem aus geöffneten Fenstern

Für viele Cineasten ist es „das" Kino in Karlsruhe, die „Schauburg".

11

entgegen, auf einer Wand steht *Stoppt den Abschiebeterror*, eine schicke Galerie findet sich schräg gegenüber vom vermutlich letzten linken Buchladen der Stadt, Überbleibsel der längst verblichenen Studentenbewegung. Das Kino **Schauburg** in der Marienstraße 16 ist mit seinem altmodischen Charme einer der wichtigsten kulturellen Anziehungspunkte des Viertels – übrigens auch für Besucher aus anderen Stadtteilen, weil das Kinoprogramm sich immer noch wohltuend vom sonst angebotenen Mainstream abhebt. Die Italiener im Viertel, aber auch die vielen deutschen Fans von Espresso und Cappuccino, treffen sich im „Café Milano", einem Klassiker seiner Art, an der Ecke Marien-/Schützenstraße.

Etwa ein Viertel der Bevölkerung der Südstadt sind Ausländer, sie tragen wesentlich zur besonderen Atmosphäre dieses Quartiers bei. Überall finden sich in den engen Straßen ausländische Geschäfte und Restaurants, und der Zeitungskiosk am Werderplatz kann in seiner Vielsprachigkeit mühelos mit der Bahnhofsbuchhandlung konkurrieren. Während mancherorts Stadtviertel mit einer solch hohen Ausländerkonzentration Problemgebiete mit Ghettocharakter geworden sind, verläuft das Zusammenleben der verschiedenen Nationen in der Südstadt erstaunlich gut.

Auge in Auge mit einem Indianer – das ist nur in der Südstadt möglich.

Bei der „Gaststätte Wolf" mündet die Marienstraße in den **Werderplatz** – Marktplatz, Kommunikationsbörse und pulsierendes Herz der Südstadt. Und hier kommen wir dem Geheimnis der Südstadtindianer auf die Spur. Denn vor der Johanniskirche zieht der **Indianer-Brunnen** unweigerlich die Blicke auf sich. Der Brunnen, im dekorativen Expressionismus gehalten, entstand in den Jahren 1924 bis 1927 und erinnert an einen indianischen Totempfahl. Gekrönt wird er durch ein doppelgesichtiges, federgeschmücktes Indianerhaupt: Während der eine Kopf in Richtung Kirche blickt, schaut der andere zur Gaststätte Wolf. Bei genauer Betrachtung sind die Köpfe keineswegs identisch. Für das nach Süden blickende, ernst und konzentriert wirkende Gesicht soll ein Sioux-Indianer Modell gestanden haben, der mit dem Zirkus Krone in Karlsruhe gastierte. Der andere Kopf mit den schmunzelnden Zügen ist aber der des Künstlers Friedrich Beichel (1875-1955), der den Brunnen entwarf.

Südstadtindianer *Der Anlass zum Brunnenbau war sehr prosaischer Natur: der Brunnen sollte den Eingang zu einem unterirdischen Toilettenhäuschen markieren. Als Brunnenfigur wählte Beichel aber keine Heiligenfigur oder Nymphe, sondern einen*

Indianer in Anspielung an den Spitznamen „Südstadtindianer" für die Bewohner des Quartiers. Wie kam es zu dieser merkwürdigen Bezeichnung? 1896 gab Frederic William Cody alias Buffalo Bill auf der Schützenwiese südlich des Ettlinger Tores eine „Wildwest-Show". Für mehrere Wochen schlug die Truppe ihre Zelte in der Südstadt auf. Das löste bei den Südstädtern eine solche Begeisterung aus, dass mehrere Indianervereine gegründet wurden, die teilweise noch heute bestehen. Die Bezeichnung „Indianer" wurde aber keineswegs von allen Bewohnern des Viertels geschätzt. Manche sahen darin ein Schimpfwort für die Bahnarbeiter, die abends mit rußverschmierten Gesichtern heimkehrten. So löste Beichels Indianer-Entwurf 1924 helle Empörung aus, vor allem auch bei den Honoratioren der Bürgergesellschaft der Südstadt. Die Stadt hielt aber an dem Projekt fest und machte die Südstädter in kleinen Schritten mit dem heiklen Brunnen vertraut. Erst entstand nur der Brunnentrog, und als sich die Bewohner bereits daran gewöhnt hatten, wurde der umstrittene Brunnenstock aufgestellt. Inzwischen hatte sich der Wind gedreht: Die Eröffnung des Brunnens geriet zu einem begeisterten Volksfest, der Begriff „Südstadtindianer" galt nicht länger als ehrenrührig, man war jetzt stolz darauf.

Die evangelische **Johanniskirche** an der Ecke Werderplatz/Marienstraße wurde 1889 eingeweiht. In den Jahrzehnten davor mussten sich die Gläubigen mit einem behelfsmäßigen Betsaal begnügen. Die Finanzierung des neuen Gotteshauses bereitete trotz Spenden der Pfarrmitglieder und des Großherzogs viel Mühe. Noch etwas länger mussten die Katholiken auf eine eigene Kirche warten. Die **Liebfrauenkirche** an der Ecke Marien- und Augartenstraße wurde 1892 eingeweiht.

Wir gehen in die Marienstraße zurück Richtung Werderplatz und biegen zwischen Augartenstraße und Luisenstraße nach links ab in die Grünanlagen bis zur Wilhelmstraße. Der Grünstreifen entstand im Zuge der Sanierungsmaßnahmen in den 1980er Jahren. Nach dem Krieg galt die Südstadt *als einer der unerfreulichsten, ungesundesten und übervölkertsten Stadtteile Karlsruhes und Musterbeispiel für den Städtebau einer überlebten Epoche* (Broschüre von 1951). Aus heutiger Sicht muss man dankbar sein, dass die Sanierung zu einem relativ späten Zeitpunkt in Angriff genommen wurde, als man sich von der radikalen Flächensanierung der 1960er und 1970er Jahre bereits zugunsten einer behutsamen Objektsanierung verabschiedet hatte. So blieb das Unverwechselbare der Südstadt erhalten, nur wurden die Höfe entkernt und verschönt und dabei grüne Oasen und Spielplätze geschaffen.

Wir gehen über die Wilhelmstraße zur Baumeisterstraße zurück. Im vorderen Abschnitt der Wilhelmstraße kommen wir noch an einigen schönen klassizistischen Häusern vorbei, so an der Nr. 14, dem Haus des „Konradin-Kreutzer-Bundes". Es wurde 1865 bezogen und ist das zweitälteste in der Straße. In ihm befindet sich das **Bluemix Kinder- und Jugendtheater**, das 1994 gegründet wurde. Die zwei Bühnen im Haus und die Freilichtbühne im Hof werden von sechs verschiedenen Karlsruher Bühnen bespielt.

Abstecher in die Weststadt

12

Weglänge: 4 100 Meter

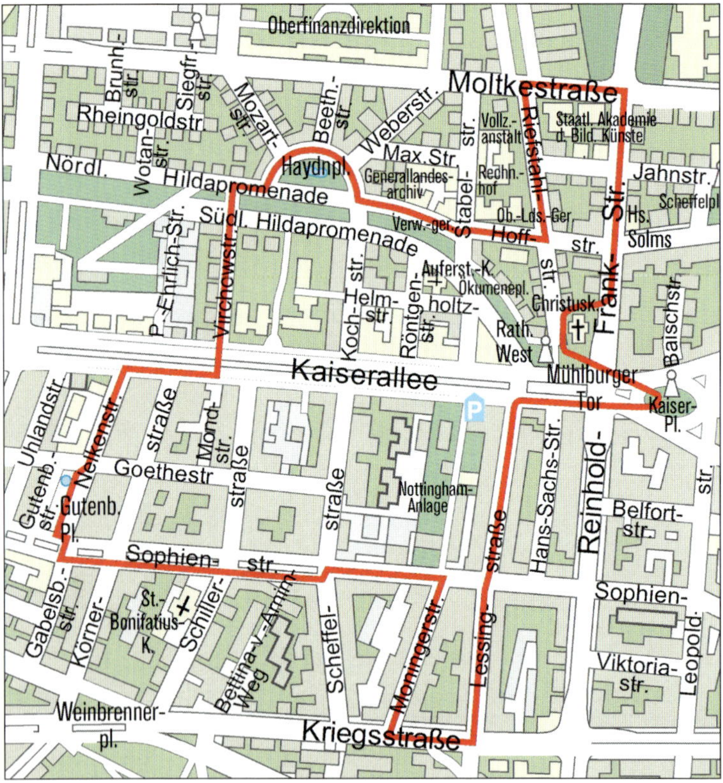

Folgt man von der Innenstadt kommend der Kaiserstraße in westlicher Richtung, kommt man zum **Mühlburger Tor**. Hier beginnt die Weststadt, eines der beliebtesten Wohnviertel von Karlsruhe. Die Kaiserallee teilt das Viertel in zwei recht unterschiedliche Hälften: Nördlich der Allee hat die Weststadt einen ausgesprochen vornehmen Charakter – gediegene Amtssitze unterschiedlicher Behörden wechseln sich mit prächtigen Villen und Grünanlagen ab. Das so genannte „Musikerviertel" – die Straßen sind nach berühmten Musikern benannt – wurde vor dem Ersten Weltkrieg als großbürgerliches Viertel mit sehr individuell gestalteten Wohnhäusern geplant, und diesen Charakter hat es bis heute bewahrt. Südlich der Kaiserallee zeigt sich die Weststadt bunter und lebendiger, doch überwiegt auch hier ein eher bürgerliches Ambiente. Dieser Teil ist dicht besiedelt und weist mit seinen zahlreichen Kneipen, Restaurants, kleinen Geschäften und Handwerksbetrieben eine attraktive Mischung zwischen Wohnen und Arbeiten auf, wie sie heute wieder großen Anklang findet. Architektonisch ist die Weststadt reizvoll – bei einem Bummel durch die Straßen lohnt sich ein Blick auf die reichgestalteten Fassaden der Gründerzeit- und Jugendstilhäuser, die dem Stadtteil sein Gesicht geben.

Zunächst überquert man den **Kaiserplatz**, benannt nach dem durch den Künstler Adolf Heer geschaffenen Reiterstandbild Kaiser Wilhelms I., das 1897 hier aufgestellt wurde. Rechts mündet die Baischstraße in den Platz ein. Sie stellt den in Deutschland seltenen Typus einer privaten Villenstraße dar. Hermann Billing legte sie um 1900 nach Pariser Vorbild an, sie gilt als bedeutendstes Werk des Karlsruher Jugendstilarchitekten. Auf dem Platz Mühlburger Tor stand bis 1874 Karlsruhes westliches Stadttor, das 1817 aus der Innenstadt hierher verlegt worden war. Bauliche Akzente setzen am Mühlburger Tor das Rathaus West (Ecke Hildapromenade), das Adolf Hanser (1858-1901) für die Karlsruher Lebensversicherung 1896-1898 erbaute, und die **Christuskirche**. Sie wurde in den Jahren 1897-1900 im neogotischen Stil von dem renommierten Architektenteam Curjel und Moser für die Weststadt-Gemeinde erbaut. Im Zweiten Weltkrieg bei einem Luftangriff abgebrannt, ragte der zerstörte Turm noch lange Zeit später wie ein Mahnmal auf, bis er endlich seine Turmspitze zurückerhielt. Richtung Hildapromenade steht ein weiteres Denkmal zur Erinnerung an die Toten des Ersten Weltkriegs (Kurt Edzard, 1929). Einen faden Beigeschmack hinterlassen der vorwärts stürmende Reiter-Soldat, mehr jedoch noch die martialische Inschrift aus dem „Edda"-Epos: *Du stirbst, der Besitz stirbt, die Sippen sterben. Einzig lebt, wir wissen es, der Toten Tatenruhm.* Kein Wunder, dass über den Erhalt des Denkmals auch schon mal im Gemeinderat diskutiert wurde.

Wir biegen bei der Christuskirche in die Reinhold-Frank-Straße ein und folgen ihr bis zur Moltkestraße. Auf dem Weg liegen das Gästehaus der Stadt, die *Villa Solms* (Ecke Bismarckstraße), und die *Villa Schönleber*, die mit ihren großflächigen Wandmalereien an eine Landvilla in Venetien erinnert und heute zur Musikhochschule gehört. An der Ecke Reinhold-Frank-Straße/Moltkestraße hat die **Staatliche Akademie der Bildenden**

Haydnplatz: grüne Oase vor klassizistischem Halbrund.

Kunst aus Karlsruhe *Die Akademie wurde 1854 von Großherzog Friedrich als „Kunstschule" gegründet und zu ihrem Leiter der Düsseldorfer Landschaftsmaler Johann Wilhelm Schirmer berufen. Schnell wurde die Akademie, die eng mit der Kunsthalle verbunden war, zu einem Mittelpunkt des künstlerischen Lebens in Karlsruhe. Nach Schirmer vermehrten Maler wie Ferdinand Keller, Leopold von Kalckreuth, Hans Thoma und Wilhelm Trübner ihren Ruf. Besondere Bedeutung erlangte die Akademie, als sie in den 20er Jahren zu einem Zentrum der Neuen Sachlichkeit wurde (Karl Hubbuch, Georg Scholz, Wilhelm Schnarrenberger). Der Neo-Expressionismus der 80er Jahre war mit Georg Baselitz und Markus Lüpertz prominent vertreten.*

Künste in einem Neorenaissance-Bau von Josef Durm ihren Sitz, den er ursprünglich für die Kunstgewerbeschule entworfen hatte. Zurzeit werden hier sowie in der Freiburger Zweigstelle 300 Studentinnen und Studenten in Malerei/Grafik, Bildhauerei und Kunsterziehung ausgebildet.

Abendsonne in der Weststadt: Ausklang des Tages am Haydnplatz.

In dem Dreieck zwischen Reinhold-Frank-Straße, Moltkestraße und Hildapromenade liegen eine Reihe repräsentativer Großbauten von Behörden aus der Zeit um 1900, so das Amtsgefängnis, heute Justizvollzugsanstalt (Riefstahlstraße, Durm, 1897), das Oberlandesgericht (Hoffstraße, Durm, 1902) und das monumentale Generallandesarchiv (Nördliche Hildapromenade, Hanser und Ratzel, 1905). Hinter dem Generallandesarchiv stößt man auf den Haydnplatz. Der nach barocken Vorbildern gestaltete Platz öffnet sich halbkreisförmig zur Hildapromenade, während im Norden drei Straßen strahlenförmig von ihm ausgehen. Dreistöckige Häuser mit Mansardendächern und Dreiecksgiebeln sind um den vornehmen Platz mit seiner ästhetischen Ausstrahlung angeordnet.

Lipizzaner in Karlsruhe *Nicht mehr in der West-, sondern bereits in der Nordweststadt befindet sich eine Institution, die wegen ihrer Einzigartigkeit Erwähnung verdient: das* ***Reitinstitut von Neindorff*** *(Nancystraße 1). 1949 eröffnete der erfolgreiche Turnierreiter Egon von Neindorff auf dem Gelände einer ehemaligen Telegrafenkaserne, zu dem auch eine denkmalgeschützte Reithalle gehört, ein Reitinstitut,* um die klassischen Regeln des Reitens bis hin zur hohen Schule *zu pflegen. Seit 1954 wurde der Schwerpunkt auf die Ausbildungsarbeit gelegt, wobei in dem Institut eine Vielzahl europä-*

Einer der schönsten Plätze Karlsruhes: der Gutenbergplatz.

ischer Pferderassen wie Trakehner, Holsteiner, Lipizzaner und andere mehr zum Einsatz kommen. In fünf Jahrzehnten hat sich die Reitschule weit über Karlsruhe hinaus Prestige erworben. Reitwart- und Reitlehrerkurse werden hier abgehalten, und der Landesverband Baden-Württemberg schickt regelmäßig junge Turnierreiter nach Karlsruhe zur Ausbildung. 1991 wurde zur Unterstützung der Schule die Egon-von-Neindorff-Stiftung gegründet, die von Stadt und Land je zur Hälfte finanziert wird.

Vom Haydnplatz kommen wir über die Hildapromenade und die Virchowstraße zur Kaiserallee. Wir überqueren die vierspurige Straße und folgen ihr kurz stadtauswärts, biegen dann aber nach links in die Nelkenstraße ein und gelangen zum **Gutenbergplatz** – unbestritten das Zentrum der Weststadt. Seine Atmosphäre ist einmalig, vor allem im Sommer, wenn man in einem der Cafés oder Biergärten unter den alten Lindenbäumen sitzen kann. Es geht hier beschaulicher zu als etwa auf dem quirligen, manchmal aber auch etwas überdrehten Ludwigsplatz. Am Gutenbergplatz wird nichts zur Schau gestellt, die Weststädter bleiben weitgehend unter sich. Nur am Samstagvormittag, wenn Markt ist, wird es hier richtig voll, weil die Karlsruher auch aus weiter entfernten Stadtvierteln hierher strömen, um Elsässer Backwaren oder badischen Spargel zu kaufen. Für viele ist der Markt am Gutenbergplatz, der dreimal die Woche stattfindet, der schönste der Stadt. Zum besonderen Ambiente des Platzes gehören auch seine Gaststätten und Läden, darunter auch etwas nostalgisch anmutende Geschäfte, die andernorts schon ausgestorben sind. 12

Dass der Gutenbergplatz nach Plan entstanden ist, kann man gut nachvollziehen, wenn man die Front der schönen Häuser aus der Zeit des Jugendstils an der Ost- und Westseite entlang blickt. Der gesamte Platz steht unter Denkmalschutz, kein architektonischer Ausreißer stört das Ensemble.

Das Wahrzeichen der Weststadt: der Krautkopfbrunnen am Gutenbergplatz.

Der Architekt Friedrich Ratzel (1889-1907) schuf den **Krautkopfbrunnen**, der mit seinen gekrümmten Metallrippen wie eine Krone aussieht. Oben thront aber kein Juwel, keine Kugel, kein Kreuz, sondern eben ein üppiger Krautkopf, eine nicht misszuverstehende Anspielung auf den Ort, an dem sich der Brunnen befindet. Ein Kranz von Putten trägt eine Girlande von Früchten und Blüten, ein Putto einen Korb voll Brötchen, und dazwischen springen verschiedene Tiere (Vogel, Katze und Lamm). Für die Weststädter ist der Krautkopfbrunnen ebenso ein Wahrzeichen ihres Viertels wie für die Südstädter der Indianerbrunnen.

Vom Gutenbergplatz biegen wir links in die Sophienstraße ein. Besonders die Häuser auf der linken Seite beeindrucken durch ihre vielgestaltigen Giebel und Erker und den reichen Fassadenschmuck – liebliche Jungfrauenköpfe, bärtige Gesichter, widerliche Fratzen und allerlei Getier und Fabelwesen, Schlangen und Drachen. Die baumbestandene, breite Sophienstraße unterscheidet sich deutlich von den engeren, meist älteren Nachbarstraßen. Die aufwändig gestalteten Häuser mit ihren großen Wohnungen wurden vor hundert Jahren meist für Beamte und Freiberufler gebaut. Der alleeartige Charakter der Sophienstraße verhüllt heute sehr vornehm die zum Himmel stinkende Unterwelt, die sich unter ihrem Pflaster auftut – der kanalisierte **Landgraben**. Mit 5,20 Meter Breite und 4,60 Meter Höhe weist dieser unterirdische Abwasserkanal nach Paris den zweitgrößten Kanalquerschnitt in Europa auf!

An der Ecke Sophienstraße/Schillerstraße steht die **St. Bonifatiuskirche**. Das katholische Gotteshaus entstand 1908 nach Plänen von Johannes Schroth. Die Kirche ist als dreischiffige romanische Basilika mit Querschiff im neoromanischen Stil gebaut. Besonders ins Auge fällt der sehr wuchtige Kirchturm. Auch das Innere ist konsequent im neoromanischen Stil ge-

Die Unterwelt *Über neun Kilometer fließt der Kanal unter der Stadt Karlsruhe entlang. Im 19. Jahrhundert war es keine Freude, in der Nähe des Landgrabens zu wohnen, denn damals war er noch nicht abgedeckt. Er floss am Südrand des Dörfles (rechts und links der heutigen Fritz-Erler-Straße) vorbei nach Westen zum Rhein hin. Notdürftig wurde er zunächst mit Brettern und Stegen überdeckt, bis 1885 zumindest die Innenstadt von dem Gestank befreit wurde durch den Bau eines überwölbten Kanals, der bis zur heutigen Reinhold-Frank-Straße reichte. Danach floss der Landgraben aber immer noch frei durchs Feld, und die ersten Häuser der Weststadt wurden ausgerechnet an dieser Kloake gebaut. Erst Bürgerproteste führten dazu, dass der Landgraben weiter überdeckelt und die Wohnqualität in der Weststadt deutlich verbessert wurde.*

halten. Auffallend ist der mit einem Baldachin überdachte Hochaltar. Die farbig gestalteten Malereien in den Deckengewölben mit Szenen aus dem Alten und Neuen Testament, die zum besonderen Gepräge der Kirche beitragen, schuf Peter Valentin Feuerstein in der Nachkriegszeit.

Wir folgen der Sophienstraße bis zur Höhe Moningerstraße. Links lockert eine weiträumige Grünanlage zwischen Sophienstraße und Kaiserallee das eng bebaute Viertel auf. Hier stand früher das Städtische Gaswerk. Von dem 1917 stillgelegten Werk konnten nur vier Gebäude erhalten werden: das alte Ofenhaus von 1876, das heute dem **Sandkorn-Theater** als Domizil dient, zwei ehemalige Verwaltungsgebäude sowie eine Halle mit gusseisernem Gerippe, die Teil eines Spielplatzes geworden ist. Wir biegen in die Moningerstraße ein. An der Ecke zur Kriegsstraße steht das alte **Sudhaus der früheren Brauerei Moninger** mit dem auffallenden Rundturm. Der von Hermann Walder errichtete Backsteinbau wurde vor einigen Jahren für Wohnzwecke umgebaut. Außer dem Sudhaus ist nur noch das Verwaltungs- und Direktionsgebäude einige Meter weiter stadteinwärts übrig geblieben. Ursprünglich nahm die Brauerei das gesamte Areal zwischen Moninger-, Lessing-, Sophien- und Kriegsstraße ein. 1856 gegründet, hatte Moninger zunächst seinen Sitz an der Kaiserstraße, zog aber nach einem Brand 1888 hierher. Seit 1981 produziert Moninger in Karlsruhe-Grünwinkel.

Über ein kurzes Stück auf der Kriegsstraße nach Osten gelangt man zur Lessingstraße, die zurück zur Kaiserallee und damit zum Ausgangspunkt dieses Rundganges am Mühlburger Tor führt.

Tor am Verwaltungsgericht in der Stabelstraße.

12

Abstecher ins Universitätsviertel, die Oststadt und das Dörfle

13

Weglänge: 6100 Meter (einschließlich Straßenbahn)

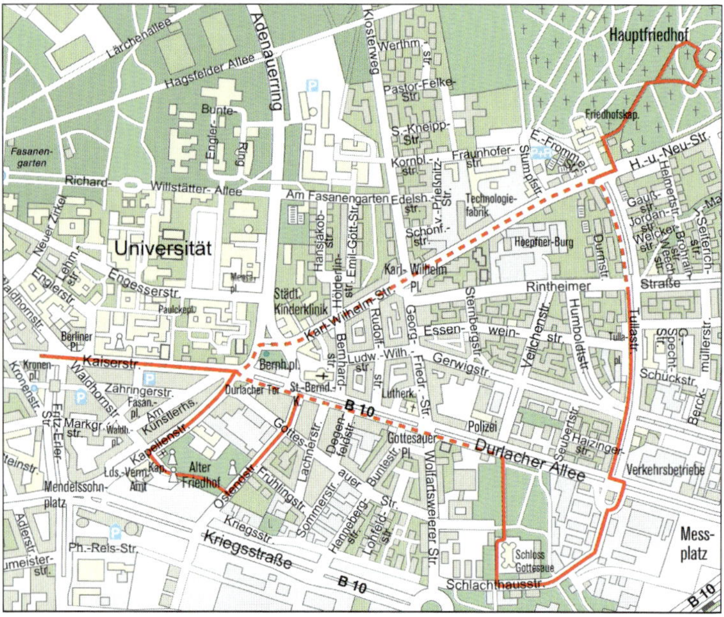

Das **Universitätsviertel** beginnt im östlichen Teil der Kaiserstraße direkt hinter der Kreuzung Fritz-Erler-Straße. Es hat sich in den letzten Jahrzehnten immer weiter ausgedehnt und nimmt heute mit seinen verschiedenen Instituten ein weiträumiges Areal zwischen Kaiserstraße, Durlacher Tor, Adenauerring und dem Hardtwald ein. Das sehenswerte Hauptgebäude der Universität an der Kaiserstraße, ein roter Sandsteinbau, wurde von Heinrich Hübsch in den Jahren 1833 bis 1836 erbaut und 1864 nach Plänen von Friedrich Theodor Fischer erweitert.

Hinter dem Hauptgebäude liegt der so genannte **Ehrenhof**, der 1925 zum Gedenken an die im Ersten Weltkrieg gefallenen Hochschulangehörigen von dem Karlsruher Architekten Max Laeuger (1864-1952) gestaltet wurde. Das Bronzestandbild der **Athene** schuf Karl Albiker (1878-1961). Der Bildhauer wählte mit der griechischen Göttin die passende Symbolfigur für das Gefallenendenkmal, denn Athene ist sowohl Schirmherrin der Wissenschaften als auch Gebieterin über Krieg und Frieden. Laeugers Terrassenarchitektur ist bei der Umgestaltung des Ehrenhofs in den 1970er Jahren wesentlich verändert worden; so wurde Muschelkalk durch Sandstein ersetzt. Dadurch hebt sich die Terrasse heute kaum noch vom Universitätsgebäude ab. Ebenfalls im Ehrenhof wird an den wohl größten Wissenschaftler der Universität, den Physiker und Entdecker der elektromagnetischen Wellen, **Heinrich Hertz** (1857-1894), erinnert. Die Tochter

Mathilde Hertz schuf die in einer säulenumrahmten Nische aufgestellte Bronzebüste. Im rückwärtigen Teil des Ehrenhofs setzte man vor dem Hauptportal des Maschinengebäudes einem anderen großen Wissenschaftspionier ein Denkmal: **Ferdinand Redtenbacher** (1809-1863) legte

Universitätsstadt Karlsruhe *Die Karlsruher Universität ist die* ***älteste Technische Hochschule Deutschlands****. 1825 wurde das damalige Polytechnikum nach dem Vorbild der Pariser* Ecole polytechnique *gegründet. Neben Mathematik und Naturwissenschaften wurden bald auch geisteswissenschaftliche Fächer wie Literatur, Geschichte und Kunstgeschichte sowie Volkswirtschaft angeboten. Unter den zahlreichen berühmten Persönlichkeiten, die an der Universität Karlsruhe gelehrt oder studiert haben, wären außer den schon erwähnten noch der im Stadtteil Mühlburg geborene Automobilpionier* ***Carl Benz*** *(1844-1929) zu nennen, der in Karlsruhe studierte und 1914 Ehrendoktor der Universität wurde.*

Bereits um 1900 waren an der Hochschule etwa 1 000 Studenten eingeschrieben. Heute verteilen sich 16 000 Studierende auf elf Fakultäten und 123 Institute, etwa 20 Prozent der Studierenden kommen aus dem Ausland. Eine herausragende Position unter Deutschlands Hochschulen nimmt die Karlsruher Universität vor allem dank ihrer großen Informatik-Fakultät ein. Die Einführung computerisierter Hörsäle war eine bundesweite Pionierleistung und das flächendeckende Hochgeschwindigkeitsnetz wegweisend in Europa. Zu den Besonderheiten der Karlsruher Universität gehört neben dem bundesweit einmaligen Centrum für Funktionelle Nanostrukturen (CFN) der Studiengang Wirtschaftsingenieurwesen, der wirtschaftliches Wissen mit ingenieurwissenschaftlichen Fragestellungen verknüpft.

Hier begann die Geschichte der Universitätsstadt Karlsruhe: Hauptgebäude der Technischen Universität.

13

als Professor für Mechanik und Maschinenlehre am damaligen Polytechnikum die Grundlage für den modernen Maschinenbau. Friedrich Moest (1838-1923) schuf die Büste kurz nach Redtenbachers Tod.

Von der Universität bietet sich ein Ausflug in die Oststadt an. Der Stadtteil entwickelte sich Ende des 19. Jahrhunderts zunächst auf dem Gelände der ehemaligen Hofküchengärten. Die geometrisch angelegten Gärten hatten die am Hof beschäftigten Menschen Jahrzehnte lang mit Gemüse versorgt. Als man mehr und mehr in Geld entlohnte, wurden die Hofküchengärten überflüssig und man plante ein Quartier für Handwerker und Bürger – im Wohnniveau zwischen nobler Weststadt und dem Arbeiterviertel Südstadt. Auf jeden Fall wollte man die in der Südstadt begangenen Fehler nicht wiederholen – also keine zu enge Bebauung, die Hinterhäuser durften allenfalls zweistöckig sein und Vorgärten sollten das Straßenbild auflockern. Die ersten Straßen in der Oststadt legte man Ende der 1880er Jahre sogar als vornehme Alleen an, die sternförmig vom Durlacher Tor ausgingen. Vorbild waren die Pariser Boulevards. Später gab man dieses Prinzip jedoch wieder auf und ließ auch kurvenförmige Straßen zu. Auch der zunächst recht einheitliche Stil der Häuser wurde nach und nach immer individueller.

Die Oststadt wurde aber von Beginn an auch durch große Industriebetriebe geprägt: die Nähmaschinenfabrik Haid & Neu, die Parfümfabrik Wolff & Sohn, die Brauerei Hoepfner und die Zuckerfabrik Adolf Speck ließen sich in meist großzügigen Fabrikpalästen hier nieder. Platz fand man am äußersten Ende der Oststadt 1887 auch für den Schlachthof, den man in der Innenstadt nicht länger dulden wollte. Zuvor hatte man bereits das zweite Karlsruher Gaswerk hier angesiedelt. Die Oststadt bot zudem Raum für den neuen Hauptfriedhof, nachdem der Alte Friedhof an der Kapellenstraße längst zu klein geworden war. Vorsichtshalber verlegte man den neuen Friedhof gleich ganz weit nach draußen, an die heutige Haid-und-Neu-Straße. Bis zum Ersten Weltkrieg nahmen zudem Militäranlagen das Gottesauer Gelände im äußersten Osten ein. So war die Oststadt von Anfang an ein heterogener Stadtteil – und ist es bis heute geblieben.

Die neogotische St. Bernharduskirche in der Oststadt.

Wir beginnen unseren Rundgang am **Durlacher Tor**, lange Zeit die östliche Grenze der Stadt. An der Stelle, wo heute die Brunnenstraße einmündet, stand von 1772 bis 1875 das von Wilhelm Jeremias Müller errichtete Durlacher Tor, das dem zunehmenden Verkehr weichen musste.

Heute ist das Durlacher Tor eine verkehrsumtoste Kreuzung. Sie wird dominiert von der schlanken Silhouette der **St. Bernharduskirche** – für viele eines der gelungensten neogotischen Bauwerke in Baden. Architekt Max Meckel (1847-1910) steigerte die überragende Wirkung des Bauwerks noch dadurch, dass er die Kirche auf einen 1,50 Meter über dem Straßenniveau befindlichen Sockel platzierte. Ganz offensichtlich waren spätgotische Kirchenbauten am Oberrhein das Vorbild für den Architekten, der eine dreischiffige Basilika mit Lang- und Querhaus entwarf. Meckel, der die Kirche als Gesamtkunstwerk betrachtete, zeichnete auch für das Inventar wie etwa die Beichtstühle verantwortlich. Im Zweiten Weltkrieg wurden die Glasmalereien und die Orgel zerstört, die komplette Altarausstattung konnte aber gerettet werden. St. Bernhardus war bei ihrer Vollendung 1901 erst die dritte katholische Kirche in Karlsruhe.

Vor der Kirche überquert man an der Ampel die Durlacher Allee und geht durch die Ostendstraße zum Alten Friedhof, der in der Zeit von 1804-1876 genutzt und inzwischen zu einer Park- und Spielanlage umgestaltet worden ist. Erhalten geblieben ist die so genannte Gruftenhalle mit alten Grabsteinen und Sarkophagen unter anderem von badischen Hofbeamten wie etwa Karl Friedrich Nebenius (1784-1857), der die Grundlagen der badischen Verfassung von 1818 ausarbeitete. Das 1847 von Großherzog Leopold errichtete Denkmal für die Opfer des Theaterbrands erinnert an die 62 Männer und Frauen, die 1847 beim Brand des Hoftheaters ums Leben kamen. Die kleine Eingangskapelle zum Alten Friedhof schuf 1842 Friedrich Eisenlohr. Über die Kapellenstraße geht man zurück an das Durlacher Tor.

Wenn es denn so etwas wie eine Altstadt in Karlsruhe gibt, dann befindet sie sich hier, westlich der Kapellenstraße: das **„Dörfle"**. Die Geschichte dieses Teils von Karlsruhe begann quasi mit dem Schlossbau. Außerhalb des Radialgrundrisses siedelten die Menschen, die als so genannte „Hintersassen" aus finanziellen Gründen nicht in der Lage waren, im Gebiet der eigentlichen Planstadt zu bauen. Eine Folge davon war, dass der Straßengrundriss und die Hausbauweise ungeordnet und eher anarchisch verliefen. Zunächst war dieses Gebiet unabhängig von der wachsenden Stadt, wurde aber 1812 eingemeindet.

In den 1970er Jahren wurden hier die größte Flächensanierung und der größte Kahlschlag im Nachkriegsdeutschland unternommen. Viel alte Bausubstanz ging dadurch verloren. *Nur im östlichen Teil hat man, von Gewissensbissen geplagt, ein bisschen Objektsanierung betrieben. Dort kann man in der ehemaligen Brunnenstraße das renovierte Künstlerhaus besuchen. Und wen es von den kühlen Räumen der bildenden Kunst in die schwer parfümierten Niederungen des Seins zieht, der kann sich fünfzig Meter weiter durch versetzte Eisenwände in den rotbeleuchteten Tempelbezirk der „unheiligen Schwesternschaft der Gefälligen" schieben, wie die Prostituierten in einem Karlsruhe-Bildband altbadisch nobel und verschämt umschrieben werden.* (Harald Hurst)

Die Hoepfner-Burg: Architektonischer Ausflug ins Mittelalter, Brauerei, Restaurant und großer Biergarten in einem.

Der Wiederaufbau führte zum größten internationalen Architekturwettbewerb in Deutschland seit dem Bau des Reichstages im Berlin der 1880er Jahre: 400 Architekturbüros aus 20 Ländern nahmen teil.

Aufgrund der Entfernung bietet es sich an, die Straßenbahn in Richtung Hauptfriedhof zu nehmen. Mit den Linien 4, 5 und S2 erreicht man schnell die Haltestelle Hauptfriedhof. Die Bahn fährt entlang der Karl-Wilhelm-, später Haid-und-Neu-Straße, die an die frühere Nähmaschinenfabrik gleichen Namens erinnert. Die Fabrik, die in ihren besten Zeiten über 3000 Mitarbeiter beschäftigte, wurde 1958 von der Singer AG übernommen und 1982 endgültig geschlossen. Heute sind nur noch das Schreinerei- und das Magazingebäude von der einst umfangreichen Fabrikanlage übrig. In dem Schreinereigebäude hat seit 1984 die **Technologiefabrik** ihren Sitz, einer der wesentlichen Impulsgeber der Technologieregion Karlsruhe. Schräg gegenüber zieht die wuchtige **Hoepfner-Burg** die Blicke auf sich, ein noch weitgehend intaktes Beispiel für Industriearchitektur des späten 19. Jahrhunderts. Mit Zinnen, Erkern, Türmen und dem festungsartigen Charakter erweckt das 1891 entstandene Brauereigebäude den Eindruck einer mittelalterlichen Burganlage. Der Architekt Hermann Walder folgte damit einem damals modischen Trend – gerade Brauereien wurden zu

Man fühlt sich in ein Kloster im Süden versetzt: Grabkapelle und Rundbögen des Hauptfriedhofs.

jener Zeit gerne als Burgen gebaut. Blickpunkt ist der hinter dem Hauptportal aufragende Rundturm, der mit seinem Helmdach an einen mittelalterlichen Bergfried erinnert und zum Wahrzeichen der Hoepfner-Brauerei geworden ist. Sie befindet sich mittlerweile in der sechsten Generation in Familienbesitz. Besonders beliebt ist in den Sommermonaten der riesengroße, schattige Biergarten, und das einmal im Jahr stattfindende Burgfest lockt immer Tausende von Besuchern an.

Ein Engel bewacht die ewige Ruhe.

Gegenüber der Haltestelle Hauptfriedhof beginnt der **älteste kommunale Parkfriedhof Deutschlands**, der auf jeden Fall einen Besuch wert ist. Josef Durm (1837-1919) gestaltete hier keine steinerne Totenstadt, sondern eine großzügige Parkanlage nach englischem Vorbild. Verschlungene Wege führen unter alten Eiben und Platanen entlang, Gräber und üppige Grünanlagen bilden eine natürliche Einheit. Der Besucher schreitet zunächst durch ein prächtiges, in Form eines Triumphbogens gestaltetes Eingangsportal im Stil italienischer Frührenaissance und gelangt dann in einen weiträumigen Innenhof, der von einer Gruftenhalle mit Rundbögen umschlossen wird. Aufwändig gestaltet ist die Grabkapelle. Eine Rosette mit Christuskopf über dem Eingang wird von einem U-förmigen Fries mit Pflanzenmotiven gesäumt. Glockentürmchen und Engel schmücken das Dach. Der Goldton des Sandsteins unterstreicht den heiter-freundlichen Eindruck der Durmschen Architektur. Auf dem Hauptfriedhof sind viele bekannte Karlsruher bestattet, unter ihnen der Schriftsteller **Viktor von Scheffel** (1826-1886) und der Maler **Hans Thoma** (1839-1924).

Mit der Linie 5 fährt man nun eine Station weiter zur Haltestelle Rintheimer Straße. Zu Fuß geht es auf der Tullastraße nach Süden bis zur Durlacher Allee. Gegenüber stößt man zunächst auf den Schlachthof, dann auf eine Grünanlage. Im Hintergrund zeichnet sich die unverwechselbare Silhouette von **Schloss Gottesaue** mit seinen wuchtigen Rundtürmen ab, in dem seit 1989 die Staatliche Hochschule für Musik Karlsruhe residiert.

Der Ursprung der **Musikhochschule** reicht in das Jahr 1812 auf die damalige „Singanstalt" zurück. 1929 wurde die Badische Hochschule für Musik gegründet, die 1971 vom Land Baden-Württemberg als eine von fünf staatlichen Musikhochschulen übernommen wurde. An der Musikhochschule Karlsruhe sind zurzeit 530 Studenten und Studentinnen immatrikuliert, 60 Professoren und 140 Lehrbeauftragte bilden sie unter anderem als Musiklehrer und Opernsänger aus. Neben dem Institut für Neue Musik und dem Institut MusikTheater gibt es auch ein Institut LernRadio, an dem man Rundfunkjournalismus studieren kann.

Nach wechselhafter Geschichte beheimatet Schloss Gottesaue heute die Musikhochschule.

Über die Wolfartsweierer Straße gelangt man zurück zur Durlacher Allee und zur Straßenbahnhaltestelle Gottesauer Platz. Gegenüber der Haltestelle erhebt sich die evangelische **Lutherkirche**, die in den Jahren 1905-1907 von dem Architektenteam Robert Curjel (1859-1925) und Karl Moser (1860-1936) erbaut wurde. Als Materialien verwandten sie Bosenquader, Haustein und Granit. Der Kirchenbau weist Elemente des neuromanischen, aber auch des Jugendstils auf. Er hebt sich damit deutlich von der neogotischen St. Bernhardus-Kirche am Durlacher Tor ab. Dieser Unterschied war gewollt, denn man fand, dass ein klarer, nüchterner Stil zum Luthertum besser passe. Der predigende Reformator ist am Fuß des Turms als monumentale Skulptur von Bildhauer Oskar Kiefer dargestellt. Im Innern wirkt der Kirchenbau großzügig und weit. Eine plastische Darstellung der Bergpredigt beherrscht die Kanzelwand.

Mit den Linien 1, 2, S4 und S5 geht es schnell in die Innenstadt zurück.

Vom Kloster zur Musikhochschule *Schloss Gottesaue ist wesentlich älter als die Stadt Karlsruhe. Es wurde 1588 bis 1594 von dem Straßburger Baumeister Johannes Schoch im Auftrag des Markgrafen Ernst Friedrich an der Stelle des ehemaligen Benediktinerklosters Gottesaue erbaut, das 1094 gegründet und 1525 zerstört worden war. Das Lustschloss Gottesaue wurde im Stil der Renaissance mit fünf Türmen und einer reich gegliederten Fassade errichtet, innen war es prachtvoll ausgestattet. Zwei Brände 1689 und 1735 verheerten es jedoch. 1740 wurde es in vereinfachter Form und mit Kuppeltürmen wiederaufgebaut und fortan als herrschaftliches Kammergut genutzt. Da alle Versuche einer wirtschaftlichen Nutzung jedoch wenig erfolgreich waren, wurde das Schloss 1818 zu einer Kaserne umgebaut.*

Nach den Zerstörungen im Zweiten Weltkrieg blieb es für Jahrzehnte eine vergessene Ruine. Erst Ende der 1970er Jahre beschloss man den Wiederaufbau, der 1997 vollendet wurde. Dabei entschied man sich für einen Kompromiss zwischen dem Ursprungsbau aus dem Jahre 1689 und dem Zustand des Schlosses vor dem Luftangriff 1944 sowie einigen zeittypischen Bauelementen. Bei den Arbeiten kam die Grabplatte des Klostergründers Graf Berthold von Hohenberg aus dem 14. Jahrhundert zum Vorschein, die seit 1689 verschwunden gewesen war. Sie ist heute im Foyer des Schlosses zu sehen.

Abstecher nach Durlach

Weglänge: 2 060 Meter (zum Turmberg zusätzlich 1 000 Meter)

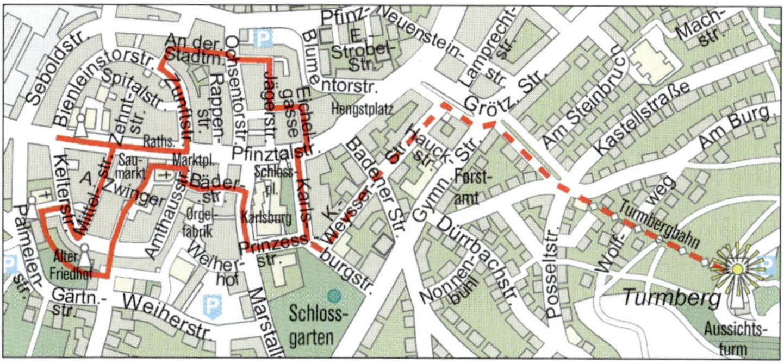

Als Beginn der Besichtigungstour bietet sich die zentral gelegene Karlsburg an, da sie einerseits direkt mit der Straßenbahn (Linie 1 oder 2, Haltestelle „Schlossplatz") erreichbar ist und andererseits für einen Turmbergbesuch sehr günstig liegt.

Die **Karlsburg** war Sitz der Markgrafen von Baden-Durlach und ist ein mächtiger Barockbau, dessen Ursprünge jedoch noch erheblich weiter zurückreichen. Nachdem Markgraf Carl II. sich entschlossen hatte, seine Residenz der Markgrafschaft Baden nach Durlach zu verlegen, ließ er ab 1563 die mittelalterliche Tiefburg zu einem Schloss ausbauen. Auch seine Nachfolger erweiterten den Bau.

Auszug aus Durlach *Die Karlsburg wurde bis auf den Prinzessenbau zusammen mit der Stadt 1689 im Pfälzischen Erbfolgekrieg weitgehend von den Franzosen zerstört und ab 1698 nur zu einem kleinen Teil wieder aufgebaut. Als Markgraf Karl Wilhelm (1679-1738) 1709 an die Regierung kam, sah er sich gezwungen, ein neues Residenzschloss zu errichten. Er entschied sich, aus der engen Stadt Durlach auszuziehen und legte 1715 den Grundstein zu einer neuen Residenz im Hardtwald – Schloss und Stadt Karlsruhe wurden damit gegründet. Der weitere Ausbau der Karlsburg war dadurch nicht mehr nötig. Die Markgräfin Magdalene Wilhelmine (1677-1742) zog es aber vor, in Durlach zu bleiben, um die Eskapaden ihres Gemahls nicht mit ansehen zu müssen, und nur gelegentlich kam sie zu offiziellen Anlässen und herrschaftlichen Besuchen nach Karlsruhe.*

In ihrer heutigen Form präsentiert sich die Karlsburg als vielseitiges und lebendiges Kulturzentrum nicht nur für Durlach, sondern für ganz Karlsruhe. Es beherbergt das Pfinzgaumuseum, das Karpatendeutsche Heimatmuseum, eine Zweigstelle der Stadtbibliothek und die Volkshochschule sowie den für kulturelle und festliche Anlässe genutzten Karlsburgsaal.

Früher Herrschersitz, heute vielseitiges Kulturzentrum: die Karlsburg.

Das **Pfinzgaumuseum** wurde 1924 gegründet. 1994 erfolgte nach einer grundlegenden Überarbeitung der inhaltlichen Konzeption die Neueröffnung des Museums. Es vermittelt einen umfassenden Eindruck vom Leben in einer ländlich geprägten Amtsstadt. Besonders sei auf die reichhaltige Sammlung an Stücken aus der Durlacher Fayence verwiesen.

Von der Karlsburg führt die gleichnamige Straße in nördliche Richtung zur Pfinztalstraße. Das von den Stadtwerken genutzte Eckhaus zählte früher zu den Wirtschaftsgebäuden des Schlosses. Bei einem Blick durch das große schmiedeeiserne Tor lassen sich noch Gebäudeteile der alten Karlsburg mit massivem Mauerwerk im unteren und einer mittlerweile durch Anstrich verdeckten Fachwerkkonstruktion im oberen Bereich erkennen. Bemerkenswert ist der steinerne, über Eck gebaute Balkon, früher „Altan" genannt.

Die Pfinztalstraße stößt im weiteren Verlauf auf den dreieckigen **Hengstplatz**, der nach dem Durlacher Gewerbelehrer Christian Hengst benannt ist, dessen Denkmal den Platz schmückt. Er begründete mit der Schaffung des so genannten Pompier-Corps 1846 die erste Freiwillige Feuerwehr. Der Rundgang folgt nach Überqueren der Pfinztalstraße der Eichelgasse und geht daher zunächst ein Stück entlang der „neuen" Stadt- mauer aus dem 15. Jahrhundert bzw. deren seit 1689 übrig gebliebenen Resten. Nach einem Knick mündet die Eichelgasse in die Jägerstraße ein. Im weiteren Verlauf der Jägerstraße zweigt rechts ein kleines und schmales Sackgässchen ab, das nicht nur einen malerischen Blick auf die liebevoll restaurierten Gebäude offenbart, sondern auch eine gute Vorstellung von der drangvollen Enge vermittelt, in der die meisten Durlacher früher lebten.

14

Nach wenigen Metern steht man unmittelbar vor dem **Jägerhaus** (Nr. 48), in dem die Stadt früher ein Spinnhaus und eine Strohhutfabrik für Arme, die dort lebten und arbeiteten, eingerichtet hatte. Bis in die Mitte des 20. Jahrhunderts zählten sowohl die Eichelgasse als auch die Jägerstraße zu den ärmsten Gegenden Durlachs.

An der Ochsentorstraße ist fast der nördlichste Punkt der Stadtmauer nach ihrer Erweiterung im 15. Jahrhundert erreicht. Ein paar Schritte weiter in nördlicher Richtung steht rechterhand das bescheidene einstige **Torwächterhaus** und noch einige Meter weiter Richtung Pfinzstraße eröffnet sich ein guter Ausblick auf größere Überreste der Stadtmauer und Reste der Durlacher Fayence-Manufaktur (heute ein Wohnhaus). Die traditionsreiche Schildwirtschaft „Zum Ochsen" bestand bereits vor 1689.

Nach diesem Abstecher kehren wir um und biegen in die Straße An der Stadtmauer ein, auf deren linker Seite seit 1574 das **frühere Schlachthaus** steht. Es zählt zu den wenigen Gebäuden, die noch wesentliche Bausubstanz aus der Zeit vor 1689 aufweisen können, da beim großen Brand nur das Obergeschoss zerstört wurde. Das heutige Untergeschoss besteht aus einer sechsteiligen Halle, die in den Jahren 1659-64 aus Stein gebaut wurde, während das in Fachwerkbauweise wiedererrichtete Obergeschoss erst 1749/50 entstand.

Auf der rechten Seite der Kreuzung Bienleinstor- und Zunftstraße steht eines der ältesten Häuser Durlachs. Es stammt aus dem Jahr 1588, d.h. es zählt zu den wenigen „Überlebenden" der Katastrophe von 1689. In der Zunftstraße liegt auf der linken Seite das **Üxküllsche Palais**, dessen Erbauer, Freiher von Üxküll, zeitweise auch als Erzieher des späteren Karlsruher Stadtgründers, Markgraf Karl Wilhelm, tätig war.

Wir überqueren die Spitalstraße, gehen die Pfinztalstraße weiter in Richtung Westen und gelangen zur Kreuzung der rechterhand abzweigenden Zehntstraße, die gemeinsam mit der auf der linken Seite abbiegenden Mittelstraße das Zentrum der ursprünglichen Stadtanlage vor ihrer Erweiterung im 14. Jahrhundert markiert. Gebildet wurde es durch den ummauerten Straßenring, bestehend aus der Bienleinstor- und der Zunftstraße im Norden, sowie der Kelter- und der Amthausstraße im Süden. Die heutige Pfinztalstraße diente als damals einzige Ost-West-Achse von Anfang an als Haupt- und Durchgangsstraße.

Bei einem kurzen Abstecher in die Zehntstraße ist noch ein übriggebliebener Bestandteil des Zehntscheuerkomplexes am unter dem Giebel befindlichen Flaschenzug zu erkennen. 1878 wurde die Realschule gebaut, die, zurück auf der Pfinzstraße, zur Linken zu sehen ist. Das **Kriegerdenkmal** für die im deutsch-französischen Krieg von 1870/71 gefallenen Durlacher steht genau vor ihrem Eingang: der Jugend sollten die Gefallenen als Ansporn und Vorbild für bedingungslosen Patriotismus dienen.

Dieser prächtige Hahn kräht auf dem Brunnen am Baslertor.

14

Nach Passieren der Friedrich-Schule ist bereits der vom ehemaligen Bienleinstor gebildete alte westliche Stadtausgang erreicht, in dessen unmittelbarer Nähe der westliche Teil der mittelalterlichen Ringstraße verläuft: in Richtung Norden unter dem Namen Bienleinstorstraße und in südlicher Richtung unter dem Namen Kelterstraße. Ein Abstecher in beide Straßen lohnt sich wegen der schönen Häuser aus dem 18. Jahrhundert. Ansonsten drehen wir um und biegen von der Pfinztalstraße nach rechts in die Mittelstraße ein, die in ihrem linken oberen Abschnitt von eingeschossigen Häusern gekennzeichnet ist. Bei ihren Bewohnern handelte es sich um Familien, die zu arm waren, um das volle Bürgerrecht zu erhalten und deren karger Verdienst auch keine Bauweise erlaubte, wie sie vom Markgrafen ausdrücklich angeordnet worden war. Von der Einmündung der Mittelstraße in die Kelterstraße aus bietet sich der schönste Blick auf den **Baslertorturm** und die Türme der katholischen **St.-Peter-und-Pauls-Kirche**, auch die bogenförmige Krümmung der Ringstraßenkonstruktion zeigt sich von diesem Standort aus besonders deutlich. Die Kelterstraße führt in nördlicher Richtung nach ein paar Metern zur Kirche. 1899/1900 auf dem Gelände der ehemaligen markgräflichen Kelter im neugotischen Stil errichtet, besaßen die katholischen Bewohner der Stadt, erstmals seit der Einführung der Reformation in Baden-Durlach 1555, mit ihr wieder eine eigene Stadtkirche.

Der repräsentative Bau wurde vom erzbischöflichen Baudirektor Maximilian Meckel (1847-1910) entworfen und zeugt nach der Beendigung des so genannten „Kirchenkampfes“ unter Bismarck von einem gestärkten Selbstbewusstsein des Katholizismus.

Außerhalb der alten Stadtmauer liegt in südöstlicher Richtung nach wenigen Metern das Areal des **alten Friedhofs**, der von etwa 1550 bis zu seiner Aufhebung im Jahre 1900 als letzte Ruhestätte der Durlacher genutzt wurde. In den 50er Jahren wurde er in eine Grünanlage umgestaltelt. Von hier aus bietet sich ein interessanter Blick auf den Verlauf der früheren Befestigungsanlagen und auf die Stadtsilhouette. 1712 wurde die **Nikolauskapelle** erbaut, die heute allerdings nicht mehr für kirchliche Zwecke genutzt wird. In ihrem Umkreis, vor allem entlang der nördlichen Außenmauer, befinden sich noch vereinzelt Grabsteine und Grabplatten bekannter Durlacher Persönlichkeiten, von denen insbesondere das freistehende Grabmal des 1822 nach Durlach strafversetzten liberalen Politikers und Kreisdirektors Ludwig August Friedrich Freiherr von Liebenstein auffällt.

Als einziges Stadttor wurden das Baslertor und der dazugehörige Turm nicht zerstört.

Die nächste Station ist das **Baslertor**. Der kleine Platz wurde in den 70er und 80er Jahren neu gestaltet und mit einem Brunnen versehen. Das Baslertor, durch welches die Straße nach Ettlingen verlief, entging als Einziges dem Schicksal der anderen Stadttore im 19. Jahrhundert, da eine Straßenerweiterung wegen des geringen Verkehrs nicht erforderlich war. Den Großen Brand von 1689 hatte es relativ unbeschadet überstanden, lediglich das Obergeschoss und das Dach waren zerstört worden.

Da eine Turmbesteigung derzeit leider nicht möglich ist, passieren wir das Tor und gelangen wieder auf die alte Ringstraße, auf der das kleine Haus gegenüber auffällt, dessen Baustil völlig aus dem bislang gewohnten Durlacher Rahmen fällt. Der Backsteinbau mit seiner verspielt wirkenden Form verdankt seine Entstehung dem um 1900 grassierenden Faible für die Schweiz und dem daraus resultierenden Bauen in einem Stil, den man als typisch für das Alpenland empfand.

Der weitere Weg verläuft durch das Schoppengässchen, auf dessen rechter Seite die ehemalige Schule liegt, die von einem klassizistischen Giebel gekrönt wird. Kurz danach ist das Gelände erreicht, das im Norden an die Straße Am Zwinger angrenzt, und auf dem 1584/85 das Gymnasium entstand.

Ein Gymnasium im 16. Jahrhundert *Der dreigeschossige, mit einem achteckigen Turm versehene Bau besaß nicht nur ein sehr repräsentatives Äußeres, sondern auch ausgesprochen großzügige Ausmaße. Im Erdgeschoss befanden sich Lehrer- und Arbeitszimmer, Bibliothek, Musikalienkammer sowie die Küche und der Speisesaal. Die Wohnung des Rektors, der häufig auch auswärtige Schüler in Kost und Logis hatte, belegte den ersten Stock. In den restlichen Geschossen waren das Auditorium, weitere Lehrsäle sowie die Zimmer der Stipendiaten untergebracht. Aufgabe des Gymnasiums war die Vorbereitung der Schüler auf den Besuch der Universität, wobei es für Theologen ein Universitätsstudium ersetzen konnte.*

Durch die alte, nunmehr offene Scheuer gehen wir vorbei an dem 1702 erbauten Barockhaus, in dem sich von 1844 bis 1912 die 1825 gegründete „Töchterschule" befand. Heute residiert in dem Gebäude das Grundbuchamt. Nach Durchschreiten des großen Holztores öffnet sich dem Besucher der **Saumarkt**, dessen Schweinemarkt 1929 auf den Weiherhof verlegt wurde. Der Platz im Schatten des Rathauses und der Stadtkirche wurde 1991 zum Ausgrabungsort, denn Bauarbeiter stießen auf die Reste eines 1689 abgebrannten Bürgerhauses, aus denen das erhalten gebliebene Inventar des Untergeschosses geborgen werden konnte. Die Funde, die heute vom Landesdenkmalamt aufbewahrt werden, ermöglichten eine bessere Kenntnis des damaligen Lebens in Durlach.

Am linken Platzrand führt ein Durchgang zur Pfinztalstraße, die rechts am Rathaus entlang zum **Marktplatz** führt. Durch den Brand von 1689 wurde auch das alte Rathaus in Schutt und Asche gelegt, und die leeren Kassen der verarmten Stadt führten dazu, dass erst 1715 mit dem Bau eines neuen Rathauses begonnen werden konnte. Drei Jahre später konnte die erste Ratssitzung darin abgehalten werden. Äußerlich war das mit Buntsandstein 14

Bunter Wochenmarkt vor altem Rathaus.

und im Barockstil gehaltene **Rathaus** von Anfang an repräsentativ gestaltet. Es wird gekrönt von einer Rathausuhr sowie einer Justitia, die von dem Heidelberger Künstler Justus Maucher geschaffen worden war.

Direkt neben dem Rathaus befindet sich die **Stadtkirche**, deren älteste noch erhaltene Teile – es handelt sich dabei um den unteren, viereckigen Teil des Westturmes mit den rundbögigen Eingängen und Fenstern – aus dem 12. Jahrhundert stammen. Ende des 15. Jahrhunderts wurde die 1464 dem heiligen Stephanus geweihte Kirche erheblich ausgebaut: parallel zur Erweiterung des Langhauses entstanden in dieser Zeit der Chor sowie der achteckige Turmaufsatz. Mit der Einführung der Reformation in Baden-Durlach 1555/56 „wechselte" die Kirche ebenfalls zum Protestantismus über. Ihr Wiederaufbau nach der Zerstörung 1689 erfolgte relativ rasch, denn bereits im Jahre 1700 konnte die Kirche eingeweiht werden, wobei der Turm allerdings erst sehr viel später vollendet wurde.

14 In der Amthausstraße, die ihren heutigen Namen dem dort gelegenen ehemaligen Amthaus verdankt wurde 1786 das auf der linken Straßenseite gelegene Haus Nr. 11, in dem sich heute das Durlacher Polizeirevier befindet, Sitz des Oberamtes. Insgesamt bietet die Amthausstraße dank ihrer noch weitgehend geschlossenen Bebauung mit stattlichen Bürgerhäusern aus dem 18. Jahrhundert einen lohnenden Blick. Kurz hinter dem Polizei-

revier führt links ein schmaler Durchgang zur einstigen **Orgelfabrik Voit**, die von 1764 bis in die erste Hälfte des 20. Jahrhunderts bestand und heute ein sehr gefragtes **Kulturzentrum** mit einem anspruchsvollen Ausstellungs-, Musik- und Theaterprogramm beherbergt. Rechterhand zweigt die Bäderstraße ab, deren heutiger Name auf das seit 1709 vermutlich im Haus Nr. 5 eingerichtete städtische Bad zurückgeht. An der Kreuzung zur Rebenstraße steht rechts das renovierte **Bäderbrünnele**, bei dem es sich um einen der vier großen öffentlichen Brunnen handelte, über die Durlach im 18. Jahrhundert verfügte. Über Marstall- und Prinzessinnenstraße erreichen wir die Karlsburg und damit den Ausgangspunkt des Rundgangs.

Zur Erholung lohnt ein Abstecher in den rechterhand gelegenen **Schlossgarten**, der Ende des 18. Jahrhunderts allerdings eher ein Treffpunkt der niedereren Stände war: zum Verdruss des Hofgärtners tummelten sich dort Sonntag abends Knechte, Mägde, Handwerksburschen, Soldaten und Kinder, die dabei wenig Rücksicht auf die Gartenanlagen nahmen.

Je nach Jahreszeit bietet sich für den Ausflug auf den **Turmberg** (256 Meter ü. M.) entweder das Auto oder die Turmbergbahn an. Von oben eröffnet sich bei klarem Wetter nach Westen ein wunderbarer Blick über Durlach, Karlsruhe und die Rheinebene bis zu den Vogesen und den Pfälzer Bergen und in Richtung Osten zum malerischen Pfinztal. Die Talstation befindet sich am Ende der Bergbahnstraße; sie ist in zirka 15 Minuten Fußweg von der Karlsburg aus zu erreichen. Die Standseilbahn wurde 1888 feierlich in Betrieb genommen. Die Bergstation, verbunden mit einer großen Aussichtsterrasse, liegt direkt zu Füßen der ursprünglich in der zweiten Hälfte des 11. Jahrhunderts von den Grafen von Hohenberg errichteten Burg. Seit 1880 ist der Turm, dank der Initiative des Durlacher Verschönerungsvereins, zu Aussichtszwecken wieder zu besteigen und danach bietet dieser die Möglichkeit, sich in der Burggastronomie von den Strapazen zu erholen. Sicherlich auch heute noch ein empfehlenswertes Programm.

Über der grünenden Stadt erhebt sich der Turmberg.

Abstecher an den Rhein

15

Weglänge: 3100 Meter

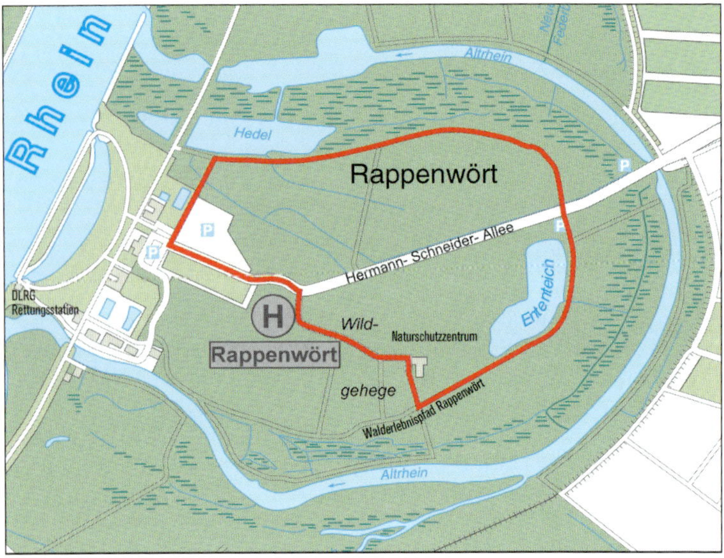

Um an den Rhein zu gelangen, muss man sich ins Auto bzw. in die Straßenbahn (Linien 2 und 5) setzen oder sich ein Fahrrad nehmen und acht Kilometer Richtung Westen fahren. Das heißt aber nicht, dass der Rhein für die Stadt nicht von Bedeutung wäre, im Gegenteil. Industriell ist der Fluss wegen des Rheinhafens wichtig. Und für den Großstädter sind die reizvollen Rheinauenlandschaften ein beliebtes Naherholungsgebiet.

Der **Rheinhafen** gehört zu den größten europäischen Binnenhäfen. Die **historischen Hafengebäude** sind als Industriearchitektur bemerkenswert. Errichtet wurden sie von den Architekten Wilhelm Strieder und August Stürzenacker, letzterer auch Architekt des Karlsruher Hauptbahnhofs. Heute noch erhalten sind das Getreidelagerhaus, die Werfthallen I und II und das Verwaltungsgebäude. Am eindrucksvollsten ist das 1903 errichtete mächtige Getreidelagerhaus, das mit seinen Türmen und Zinnen an eine mittelalterliche Burg erinnert. Das weniger funktional gestaltete Verwaltungshaus weist interessante Schmuckelemente wie ein Schifferrelief auf. Besonders kurios ist eine Eckverzierung über dem Eingang: ein Gnom reitet auf einem Fisch, unterm Arm hält er zwei Geldsäcke mit je 10000 Mark, den „monatlichen Reingewinn".

Wer Lust auf eine **Schiffstour** hat, kann am Rheinhafen die „MS Karlsruhe" besteigen. Ausflüge werden nach Speyer, Worms, Straßburg oder Iffezheim angeboten. Der Ausflugsdampfer legt am Becken II ab. (Der

Die Stadt und der Hafen *Jährlich werden hier etwa sechs Millionen Tonnen Güter umgeschlagen. Der mehrfach erweiterte Hafen – 1963 wurde er nach dem Bau der Raffinerien noch durch den Ölhafen ergänzt – besteht heute aus sechs Hafenbecken. In erster Linie werden Mineralölprodukte, Kohle, Briketts und Baustoffe umgeschlagen. Der Rheinhafen wurde zwar erst 1901 eröffnet, aber Karlsruhes Drang zum Rhein ist fast so alt wie die Stadt selbst. Schon Anfang des 19. Jahrhunderts gab es Pläne, einen Rhein-Alb-Kanal zu bauen, der die Stadt mit dem Fluss verbunden hätte. Aber das Projekt war zu teuer. Wie wichtig für die Stadt ein eigener Hafen war, zeigte sich schon daran, dass bereits drei Jahre nach Eröffnung die angepeilte Marke von 300 000 Tonnen überschritten wurde. Der absolute Umschlagrekord wurde 1969 mit acht Millionen Tonnen erreicht.*

Weg ist ausgeschildert, Telefon 0721/599-7424, mska@rheinhafen.de, www.rheinhafen.de)

Müde vom Pflastertreten in der Stadt, wird man einen Ausflug ins Landschaftsschutzgebiet Rappenwört als erholsame Abwechslung empfinden und dabei einen Einblick in die gefährdeten **Rheinauen** bekommen. Nur ein winziger Teil der früheren Auenlandschaft ist übrig geblieben. Einst erstreckten sich die Auwälder über eine Breite von zwei Kilometern entlang des Flusses von Basel bis Worms. Ungebändigt, wie der Rhein damals war, suchte er sich in zahlreichen Schlingen und Kurven immer wieder neue Wege. Regelmäßig wurden die Auwälder überschwemmt. Sie wurden zu einer Art Rückhaltebecken, gleichzeitig entwickelte sich hier eine einzigartige Flora und Fauna. Vor allem durch die Rheinregulierung veränderte sich das Landschaftsbild im 19. Jahrhundert massiv. Nach Plänen des Wasserbauingenieurs Johann Gottfried Tulla wurde der Rhein zwischen 1817 und 1880 begradigt und dabei im Abschnitt zwischen Basel und Worms von 350 auf 270 Kilometer verkürzt. Gleichzeitig wurde das Hauptbett auf 200 Meter Breite verengt. Das bedeutete eine tiefere Fahrrinne für die Schifffahrt, aber auch eine größere Fließgeschwindigkeit des Wassers. Weitere schwerwiegende Eingriffe erfolgten vor allem nach dem Zweiten

Das Ufer des Rheins lädt zum Spazierengehen oder Radfahren ein.

Fast wie im Urwald: Altrheingebiet bei Karlsruhe.

Weltkrieg bis zum Bau der Staustufe Iffezheim 1977. Der Fluss wurde weiter verengt, Überschwemmungsgebiete noch mehr zurückgedrängt, Tierarten verschwanden für immer, weil sie keinen Lebensraum mehr fanden. Die Überschwemmungskatastrophen der letzten Jahre haben die bedrohlichen Folgen dieser Eingriffe in die Natur deutlich werden lassen und glücklicherweise hat ein Umdenken eingesetzt. Das **Naturschutzzentrum Karlsruhe-Rappenwört** will auf diese Problematik aufmerksam machen.

Mit öffentlichen Verkehrsmitteln erreicht man das Landschaftsschutzgebiet von der Karlsruher Innenstadt aus mit der Straßenbahnlinie 2 Richtung Rappenwört (Endstation). 200 Meter hinter der Haltestelle geht man in den Wald hinein und folgt dem Weg etwa 800 Meter bis zum Hinweisschild „Naturschutzzentrum". Die Dauerausstellung „Natur der Rheinaue" im Naturschutzzentrum dokumentiert die Entstehungsgeschichte des Rheins, die ökologische Bedeutung der Auen und ihre Gefährdung durch die Eingriffe des Menschen. Vorgestellt werden aber auch Maßnahmen des Hochwasser- und Naturschutzes. Zum Naturschutzzentrum gehört zudem ein 2,5 Kilometer langer **Walderlebnispfad**. 17 Stationen vermitteln hier Kenntnisse über das Ökosystem Auwald und seine Bewohner. Ein nahe gelegenes Wildgehege mit Damhirschen und Wildschweinen ist besonders für Kinder attraktiv. Das Naturschutzzentrum ist in einem 1929 von Walter Merz erbauten Haus untergebracht, das in der Formensprache der Klassischen Moderne gestaltet wurde.

Vom Naturschutzzentrum aus geht man auf dem Rundweg weiter am „Ententeich" entlang, überquert die Straße und läuft durch den Auwald zur Haltestelle zurück. Gegenüber der Haltestelle liegt das **Rheinstrandbad Rappenwört**, das man außerhalb der Saison auch als Spaziergänger besuchen kann. Es besticht durch seine sehr großzügige Gestaltung mit weitflächigen Liegewiesen, vier Schwimmbecken, darunter eines mit Wellenbad, einem Natursee und einer Promenade, die direkt am Rhein entlang führt. Das Bad war 1929 auf der ehemaligen Rheininsel Rappenwört angelegt worden, um auch *Familien des verarmten Mittelstandes, der Arbeiter und kleinen Beamten*, die sich keine Ferienreise leisten konnten, ein Ersatz-Urlaubsparadies zu bieten. Damals badete man sogar noch in Rheinwasser, das in einen Seitenarm abgeleitet wurde!

WÖRTH
Knielingen
Eggensteiner Str.
B 36
Neureuter Hauptstr.
Neure
Nordwest-
stadt
Neureuter Str.
Siemensallee
Südtangente
B 10
Nordbeckenstr.
Fettweisstr.
Mühl-
burg
Rheinstr.
Kaiserallee
Weinbrennerstr.
Weststadt
Yorckstr.
Daxlander Str.
Zeppelinstr.
Rappenwörth
Hermann-Schneider-Allee
Daxlanden
Grünwinkel
Südwest-
Lindenallee
Pulverhausstr.
Oberreut
Bulach
Otto-Wels-Str.
Hardt
RHEINSTETTEN
Hart-
wald

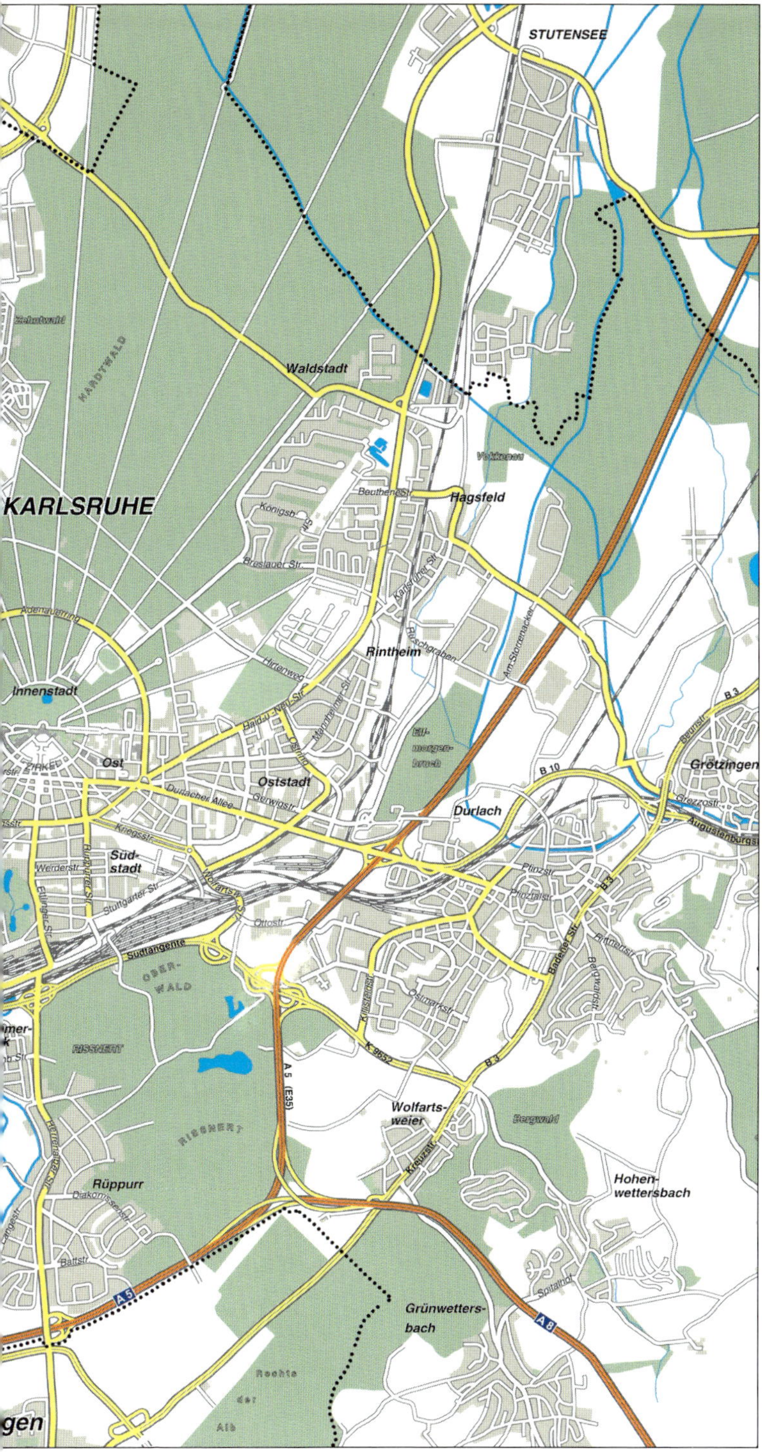
STUTENSEE
Zeholtwald
HARDTWALD
Waldstadt
Vokkenau
KARLSRUHE
Beuthener Str.
Hagsfeld
Königsb.
Str.
Breslauer Str.
Karlsruher Str.
Adenauerring
Rüschgraben
Am Storrenacker
Rintheim
Hirtenweg
Innenstadt
Haid-u.-Neu-Str.
Mannheimer Str.
Ostring
Elf-
morgen-
bruch
B 3
Beunstr.
ZIRKEL
Ost
Oststadt
B 10
Grötzingen
Durlacher Allee
Gerwigstr.
Durlach
Grezzostr.
Augustenburgst
Kriegsstr.
Rüppurrer Str.
Süd-
stadt
Werderstr.
Ettlinger Str.
Wolfartsw.
Stuttgarter Str.
Ottostr.
Pfinzstr.
Pfinztalstr.
B 3
Südtangente
OBER-
WALD
Badener Str.
Bergwaldstr.
Rittnertstr.
Killisfeldstr.
Ostmarkstr.
RISSNERT
K 9652
B 3
A 5 (E35)
Wolfarts-
weier
Bergwald
RISSNERT
Herrenalber Str.
Kreuzstr.
Rüppurr
Diakonissenstr.
Hohen-
wettersbach
Langestr.
Battstr.
A 5
Spitalhof
Grünwetters-
bach
A 8
Rechte
der
Alb
gen

Auskunft

Bei den Informationsstellen der Stadt Karlsruhe gibt es jede Art von Auskünften über Veranstaltungen und Einrichtungen in der Stadt. Weiterer Service besteht in Fahrplanauskünften, Tipps für Stadtführungen, Zimmerbuchungen sowie Karten für Konzerte und die Karlsruher Theater. Ein praktischer und übersichtlicher Stadtplan ist bei der Stadtinformation für € 1,– erhältlich. Außerdem gibt es eine ausführliche Freizeitkarte, die als Natur-, Sportstätten-, Spielplatz- und allgemeiner Kulturführer zu benutzen ist.
In den meisten Lokalen und Veranstaltungsorten liegt als aktuellste und beste Information das Szeneblatt „Klappe auf. Das Kulturmagazin der Region" aus.

Stadtinformation, Weinbrenner-Haus am Marktplatz, Karl-Friedrich-Straße 9, Innenstadt,
☎ 37 20 53-76/77, Fax 37 20 53 89,
Mo-Fr 9.30-19 Uhr, Sa 10-16 Uhr
Tourist-Info, Bahnhofplatz 6, Südweststadt, ☎ 37 20 53 83/84,
Fax 37 20 53 85,
www.karlsruhe.de/ tourismus,
tourismus@kmkg.de,
Mo-Fr 9-18 Uhr, Sa 9-13 Uhr
Ticketservice, Weinbrenner-Haus am Marktplatz, Karl-Friedrich-Straße 9, Innenstadt, ☎ 2 50 00,
Fax 37 20 53 89
Ticketforum, PostGalerie, Kaiserstraße 217, Innenstadt,
☎ 16 11 22, Fax 16 11 21,
info@ticketforum.de,
www.ticketforum.de, Mo-Fr 9-20 Uhr, Sa 9-16 Uhr

Internetseiten

www.karlsruhe.de, offizielle Seite der Stadt
www.karlsruhe.de/tourismus, wichtige Informationen zum Thema Tourismus, bietet alle Adressen und Telefonnummern zur Planung eines Aufenthalts
www.ka-mobil.de, Seite der Stadtinformation
www.ka-news.de, diese Seite hat sich spezialisiert auf Nachrichten aus und um Karlsruhe
www.klappeauf.de, Internetseite der gleichnamigen kostenlosen monatlichen Informationszeitschrift
www.durlach-regional.de, Wissenswertes zum Stadtteil Durlach
www.swo.de, die virtuelle Kulturregion

Einkaufen

Die großen Einkaufsstraßen in Karlsruhe bieten dem Besucher ein gutes Leitsystem für den Einkaufsbummel. Neben der Kaiserstraße als Flaniermeile – mit den großen Kaufhäusern und der neuen PostGalerie (unter deren Dach sich fast 50 Einzelhandelsgeschäfte befinden) – haben sich in den letzten Jahren auch die (südliche) Waldstraße, die Karlstraße, die Herrenstraße, die Lammstraße und der Zirkel als Shopping-Zentren einen Namen gemacht. Daneben präsentieren sich die verschiedenen Stadtteile mit einem großen und anspruchsvollen Angebot: z. B. Mühlburg, Durlach und die Südstadt sind einen Besuch wert.

Antiquitäten

Vor allem die Herren- und die Karlstraße bieten dem interessierten Sammler und Käufer eine Reihe gut sortierter Antiquitätengeschäfte. Diese „Antiquitätenmeilen" sind für alle Freunde der Nostalgie einen Abstecher wert.

Alles Kruscht, Werderstraße 47
Südstadt, ☎ 376666
Möbel und Antiquitäten aus zweiter Hand für wenig Geld.

Antik & Art, Amalienstraße 37
Innenstadt, ☎ 27311
Nicht nur für Freunde alter Karlsruher Majoliken eine gute Adresse.

Artefakt, Karlstraße 128, Innenstadt, ☎ 818666
Antikes, Kunst und Kuriosa.

Baden Antik, Herrenstraße 42
Innenstadt, ☎ 2030984
www. karlsruhe-antik.de
Der Schwerpunkt liegt bei Möbeln, Silber, Porzellan, Karlsruher Majolika und Ölgemälden.

Horst Schach, Herrenstraße 50a
Innenstadt, ☎ 26222
Antiquitäten vor allem des 19. und 20. Jahrhunderts.

Kunst und Antik, Wilhelmstraße 28, Südstadt, ☎ 376863
Arnim @loeffel.de
www.loeffel.de/kunstundantik/
Antiquitäten für den kleinen Geldbeutel.

Karl Leis Antiquitäten
Herrenstraße 52, Innenstadt
☎ 26716
antiquitaeten-leis@t-online.de
Antiquitäten, Schmuck und Gemälde.

Miru, Ludwig-Wilhelm-Straße 3
Oststadt, ☎ 9662886
info@miru-netart.de
www.miru-netart.de
Asiatische Antiquitäten, afrikanische Stammeskunst und Kunst aus Peru.

Antiquariate

Braunsche Universitätsbuchhandlung, Waldstraße 17, Innenstadt
☎ 26027, info@braunsche.de
www.braunsche.de
Modernes Antiquariat im „Bücherhaus" aus dem 18. Jahrhundert – einem der ältesten Häuser der

Die älteste Buchhandlung Karlsruhes ist heute ein Antiquariat (Waldstraße 17).

Stadt. Im Angebot sind Bücher aus den Bereichen Literatur, Sachbuch, Wissenschaft, Kunst, Architektur, Geschichte, Psychologie und Theologie.

Fächerstadt-Antiquariat, Kriegsstraße 140, Innenstadt, ☎ 1832920
Antiquariat am Karlstor mit einem großen Angebot günstiger Bücher. Der Schwerpunkt liegt auf billigen Taschenbüchern und Science-Fiction-Literatur.

Antiquariat am Kronenplatz Haufe und Lutz, Kronenstraße 24, Innenstadt, ☎ 376882
info@haufe-lutz.de
www.haufe-lutz.de
Kleines, aber sehr feines Antiquariat in der Nähe der Universität. Im Angebot sind, neben Taschenbüchern zu sehr günstigen Preisen, auch seltene und alte Bücher vom 17. Jahrhundert bis heute. Ein weiterer Schwerpunkt liegt auf alten Kinderbüchern.

Galerien

Galerie Alfred Knecht
Baumeisterstraße 4, Südstadt
☎ 9374910, Fax 9374911

www.swo.de/Alfred.Knecht/
Alfred.Knecht@t-online.de
Gezeigt wird moderne und modernste Kunst aus den Bereichen Fotografie, Malerei, Zeichnung, Skulptur. Als Besonderheit bietet die Galerie eine Online-Ausstellung mit zahlreichen Arbeiten ihrer Künstler.

Galerie Karlheinz Meyer
Lachnerstraße 7a, Oststadt
☎ 612111
www.swo.de/sbmeyer.html
Das Ehepaar Meyer veranstaltet in den Räumen einer alten Druckerei in der Oststadt jährlich fünf bis sechs Ausstellungen. Ein fester Stamm von Künstlern bietet ein breites künstlerisches Spektrum, das auch die neuen Medien mit einschließt.

Galerie Margit Haupt
Lachnerstraße 7a, Oststadt
☎ 612111
www.swo.de/sbmeyer2.html
Der Schwerpunkt der Galerie liegt bei zeitgenössischer moderner Malerei, aber auch Mixed Media (Collage, Foto, Video).

Galerie Rottloff
Sophienstraße 105, Weststadt
☎ 843225, Fax 9850942
www.galerie-rottloff.de
rottloff@t-online.de
Die 1961 gegründete Galerie bietet dem Besucher monatlich wechselnde Ausstellungen von wichtigen zeitgenössischen Künstlern.

Galerie Schrade
Zähringerstraße 78, Innenstadt
☎ 3841924, Fax 3841925
www.galerie-schrade.de
Malerei von der klassischen Moderne bis zur Gegenwart.

Galerie von Tempelhoff
Kriegsstraße 130, Innenstadt
☎/Fax 9212550
www.germangalleries.com/
vontempelhoff
Wechselausstellungen nationaler und internationaler Künstler.

Kohinoor Art Galerie
Zähringerstraße 49, Innenstadt
☎ 377117, Fax 379929
www.gallery-kohinoor.de
gallery-kohinoor@t-online.de
Die 1995 eröffnete Galerie zeigt drei bis vier Ausstellungen nationaler und internationaler Künstler im Jahr.

Majolika-Galerie, Staatliche Majolika-Manufaktur, Ahaweg 6-8
Innenstadt-Nord
☎ 9123770, Fax 9123778
www.majolika-karlsruhe.com
info@majolika-karlsruhe.com

Die Kaiserstraße ist auch für Bücherfreunde ein ergiebiges Pflaster.

Ausstellung von keramischen Arbeiten der Künstler der Majolika-Manufaktur, sowie zahlreiche Wechselausstellungen im Jahr zu verschiedenen Themen.

Mode

Boutique 61, Karlstraße 61
Innenstadt, ☎ 30000
www.g-rillmann.de
Exklusive Frauenmode.

Celtic Connections, Lammstraße 7A
Innenstadt, ☎ 29622
info@celtic-connections.de
www.celtic-connections.de
Typische Mode und Whiskeys aus Irland und Schottland. Große Auswahl an Wollpullovern.

Eckerle, Kaiserstraße 82 A
Innenstadt, ☎ 26553
www.eckerle.de
Anspruchsvolle Herren-Designer-Moden.

Hennes & Mauritz, Kaiserstraße 90
Innenstadt, ☎ 9204553
www.hm.com
Damen- und Herrenmode zu kleinen Preisen. Anziehungspunkt vor allem für junge Leute.

Kuhn, Herrenstraße 22, Innenstadt
☎ 25232
Anspruchsvolles Lederbekleidungsgeschäft für Sie und Ihn.

Modehaus Schöpf, Marktplatz
Innenstadt, ☎ 380006, Fax 380618
www.modehaus-schoepf.de
Bekleidung für Damen, Herren, Jugendliche und Kinder. Spezialist für festliche Kleidung.

Novelle, Waldstraße 73
Innenstadt, ☎ 9212526
Alles für das zeitgemäße Outfit, das nicht aus der Massenproduktion stammt.

Olymp & Hades, PostGalerie
Kaiserstraße 217, Innenstadt
☎ 1611987, www.guten-namen.de
Sportive Herren- und Damenmode.

Reif, Karlstraße 41-43, Innenstadt
☎ 21000 (Mode-Avantgarde)
☎ 913730 (Exquisit-Mode)
Eine feine Adresse für Damen- und Herrenmode, Taschen, Gürtel und Accessoires.

Style, Adlerstraße 14, Innenstadt
☎ 380855
Kultiger Laden für „Coolwear, Schuhwear, Zubehear".

Ursula Reiffer, Waldstraße 48
Innenstadt, ☎ 26407
Hochwertige Mode für Frauen jeden Alters.

Usha, Karlstraße 28, Innenstadt
☎ 29301
Mode und Schmuck für junge und jung gebliebene Frauen.

Musikgeschäfte

Discover, Kreuzstraße 31
Innenstadt, ☎ 388614
Gebrauchte LPs und CDs zu niedrigen Preisen. Kleiner Laden mit viel Flair.

Musikhaus Schlaile, Kaiserstraße 175
Innenstadt, ☎ 1302-20
www.schlaile.de
Traditionelles Musikhaus mit großem Angebot an CDs, Noten und Instrumenten.

Record X-Press, Herrenstraße 23
Innenstadt, ☎ 28232
www.rxp-karlsruhe.de
Kleiner Schallplattenladen für DJs. House, Techno, Hip-Hop und vieles mehr. Equipment wie Mixer, Boxen und alles rund um den Plattenspieler.

Saturn, PostGalerie
Kaiserstraße 217, Innenstadt
☎ 51650, www.saturn.de
Großes Elektronikfachgeschäft mit umfangreichem CD-Programm.

WOM, World of Music, Karstadt am Zirkel, Kaiserstraße 92, Innenstadt
www.wom.de
Größtes CD-Fachgeschäft in Karlsruhe. Sehr große, übersichtlich strukturierte Auswahl.

Schmuck

Cardillac, Waldstraße 56
Innenstadt, ☎ 21692
Kostbar, modisch und exklusiv ist das Angebot der Schmuckgalerie. Preziosen-Design vom Feinsten, oft den Trends weit voraus und immer das Besondere.

Der goldene Schnitt, Herrenstraße 35, Innenstadt, ☎ 9204683
www.dergoldeneschnitt.de
Schmuck, Uhren, Architektur, Möbel und Leuchten von der Schmuckdesignerin Christiane Iken und dem Architekten Berthold Rosewich bilden hier ein anspruchsvolles Ensemble.

Kölmel Goldschmiedeatelier
Kaiserstraße 145, Innenstadt
☎ 28056
Schmuck, Uhren.

Lapislazuli-Galerie, Herrenstraße 23
Gothaer Haus, Innenstadt
☎ 1607781
Nomadenschmuck und orientalische Wohnaccessoires.

Schmuckkultur, Erbprinzenstraße 33
Innenstadt, ☎ 9204242
Galerie und Geschäft für zeitgenössischen Schmuck. Präsentation namhafter Schmuckmanufakturen (Niessing, DAU, PUR, Wermekes, Ribeiro).

Silverpoint, PostGalerie, Kaiserstraße 217, Innenstadt, ☎ 1611947
Silberschmuck.

Second-Hand

Jacke wie Hose, Winterstraße 3
Südstadt, ☎ 3843920
Secondhandshop des Diakonischen Werkes mit breitem Angebot: mit etwas Glück findet man neuwertige Kleidung für wenige Euros.

Hot Wollée, Yorckstraße 24
Weststadt, ☎ 849426
Gebrauchte Kleidung von H&M bis Designer-Waren.

Kindersecondhand Eickert
Marstallstraße 12, Durlach
☎ 495154
Secondhandshop für Kindermoden.

Mann-o-Mann, Yorckstraße 2
Weststadt, ☎ 8303080
Secondhandshop für Männermode: „Boutique für die Herren der Schöpfung".

Pepita, Yorckstraße 15, Weststadt,
☎ 849815
Gebrauchte Frauenmode zwischen zwei und 20 Euro.

Wohnen und Design

Burger, Waldstraße 89-91
Innenstadt, ☎ 913220
www.burger-inneneinrichtung.de
Hochwertige Möbel und Accessoires für Büro, Küche oder Wohnzimmer mit kompetenter und individueller Beratung.

Grüner Krebs, Erbprinzenstraße 21
Innenstadt, ☎ 25542
www.gruenerkrebs.de
Erlesene Wohnaccessoires in einem unkonventionellen Ladengeschäft.

Krines, Seubertstraße 8, Oststadt
☎ 817081, krines@t-online.de
www.krines.de
Ökologie wird bei Krines groß geschrieben: Im Angebot sind neben Bodenbelägen, Teppichen und Farben auch Massivholzmöbel, Matratzen und Spielwaren aus ökologischer Produktion.

Licht und Wohnen, Karlstraße 45a-c, Innenstadt, ☎ 910990
Elegante Möbel und Lampen für anspruchsvolle Käuferinnen und Käufer.

Mann Mobilia, Durlacher Allee 109, Oststadt (an der Autobahnausfahrt Karlsruhe-Durlach)
☎ 6096556
www.mann-mobilia.de
Größtes und modernstes Möbelhaus im Südwesten.

Originelles und Ungewöhnliches gibt es überall in der Stadt zu entdecken.

Roter Punkt, Hirschstraße 7
Innenstadt, ☎ 28578
info@roter-punkt.de
www.roter-punkt.de
Hochwertige Möbel und verschiedene Wohnaccessoires aus ökologischer Produktion.

Originelles und Ungewöhnliches

Geschenkidee, Zähringerstraße 43
Innenstadt, ☎ 30118
Kerzen, Essig, offene Spirituosen, Holzspielwaren, Süßwaren.

Glasgalerie, Zähringerstraße 82
Innenstadt, ☎ 3546684
Glas soweit das Auge reicht – 98 Prozent der Glasartikel sind mundgeblasen.

Babalooni's, Rüppurrer Straße 126-128, Südstadt, ☎ 34300
Fantasy- und Ideenladen für Dekorationen, Spiele, Freizeit

Karlsruher Brigändle, Erzbergerstraße 42A, Innenstadt
☎ 751992, Fax 751991
www.krippenfiguren.com
krippenfiguren@t-online.de
Ausgesucht schöne Schnitzereien von Schnitzern aus ganz Europa, religiöse und profane Figuren.

Pinocchio, Wilhelmstraße 30
Südstadt, ☎ 32232
Der besondere Laden: Batik-Textilien, Masken, Holzskulpturen, Spiegel, Windspiele, Silberschmuck, Mobiles, vieles andere und natürlich Holzpinocchios.

Fingerhut, Scheffelstraße 16
Weststadt, ☎ 841155
Spielzeug für Erwachsene, physikalische Spielereien.

Feste und Festivals

Altstadtfest Durlach
Anfang Juli wird ein Wochenende lang in der Fußgängerzone des Stadtteils Durlach mit viel Live-Musik und kulinarischen Genüssen gefeiert.

Brigandefeschd
Das traditionelle Fest bietet zwischen Mitte Mai und Anfang Juni zwei Wochen Speisen, Getränke und Live-Veranstaltungen auf dem Marktplatz.

Das Fest
Stadtjugendausschuss, Moltkestraße 22, ☎ 133-5613, Fax 1335609
www.dasfest-karlsruhe.de
dasfest@stja.karlsruhe.de
„Das Fest" in der Günther-Klotz-Anlage ist mit zirka 200000 Besuchern – neben dem Bonner Rheinkulturfestival – das größte, kostenlose Open-Air-Festival Deutsch-

lands. Internationale Stars wie auch regionale Bands und Interpreten spielen auf mehreren Bühnen. Für die Kinder wird eigens ein großer Erlebnispark aufgebaut.

Europäische Kulturtage Karlsruhe
Veranstalter ist das Kulturamt, Rathaus (Marktplatz) und das Badische Staatstheater, Baumeisterstraße 11. Informationen unter
☎ 133-4033, Fax 1334009
(Kulturamt) und ☎ 3557-233
Fax 373223 (Staatstheater)
www.europaeische-kulturtage.de
kulturamt@karlsruhe.de
Das multikulturelle Festival findet alle zwei Jahre (nächster Termin: 2004) mit wechselnden Themen europäischer Kultur statt. Fast alle Kunstgattungen kommen vor. Musik, Theater, Bildende Kunst, Literatur, Architektur und Film lassen fremde Kulturen mit allen Sinnen erleben.

Händelfestspiele
Badisches Staatstheater Karlsruhe
Baumeisterstraße 11, Südstadt
☎3557-0, Fax 373223
www.karlsruhe.de/Kultur/Staatstheater
Seit 1978 veranstaltet das Badische Staatstheater jährlich die Händel-Tage, eine Referenz an den großen Karlsruher Barockkomponisten Georg Friedrich Händel. Seit 1985 in den Rang der Festspiele erhoben, genießen sie in Fachkreisen eine ausgezeichnete Reputation.

Hoepfner Burgfest
Privatbrauerei Hoepfner, Haid-und-Neu-Straße 18, Oststadt
☎ 6183-126, Fax 6183117
www.hoepfner.de
An Pfingsten findet traditionell das Hoepfner-Burgfest in der Karlsruher Haid-und-Neu-Straße statt. Die Hoepfner-Burg verwandelt sich dabei in einen großen Biergarten mit mehreren Zelten, Imbiss- und Getränkeständen sowie Musikbühnen. Von Freitag bis Montagabend wird ein abwechslungsreiches Musik- und Showprogramm geboten.

Karlsruher Künstlermesse
Veranstalter ist das Kulturamt
Rathaus (Marktplatz)
☎ 133-4060, ☎ 133-4062
Bewerben können sich alle Kunstschaffenden, die in der Region leben. Eine Jury wählt die endgültigen Teilnehmer aus, die dann während der Dauer der Messe anwesend sind.

So bunt sieht das Rathaus nur beim Stadtgeburtstag aus.

Karlsruher Museumsnacht (KAMUNA)
Informationen zur Museumsnacht gibt es in der Stadtinformation, Tourist-Info und bei allen teilnehmenden Museen, ☎37205376/77
www.kamuna.de
Mit über 35000 Besuchern in 13 Kultureinrichtungen war die 4. Karlsruher Museumsnacht 2002 wieder ein riesiger Publikumserfolg. Die teilnehmenden Museen bieten neben Führungen und Lesungen auch Live-Acts, Performances sowie musikalische und szenische Aufführungen.

Lichterfest
Ende August findet im Stadtgarten ein großes Fest statt, bei dem mit Tausenden Glühbirnen und Lampions der Park illuminiert wird.

Ludwigsplatzfest
Ende August feiern Tausende von Besuchern auf dem Ludwigsplatz, unweit des Europaplatzes.

Stadtgeburtstag
Veranstalter: Stadtmarketing Karlsruhe GmbH, Kaiserstraße 142-144, ☎ 352360
www.stadtgeburtstag-karlsruhe.de
Jedes Jahr feiern die Karlsruher zusammen mit ihren Gästen die Grundsteinlegung des Karlsruher Schlosses – und damit ihrer Stadt – am 17. Juni 1715. Fast 50000 Menschen verwandeln die Innenstadt in eine große Festmeile.

Stadtfest
Anfang Oktober zieht das Stadtfest in der Fußgängerzone mit Gastronomie, Live-Musik und Straßenkünstlern die Besucher an.

Südstadtfest
Die multikulturelle Atmosphäre des Viertels, die exotischen kulinarischen Angebote, die Musik und die Besucher machen dieses Fest Anfang Juni zu einem besonderen Highlight.

Tempelfest
Veranstalter: Kulturzentrum Tempel e.V., Hardtstr. 37a
Mühlburg, ☎ 554174
www.kulturverein-tempel.de
Unabhängiges soziokulturelles Zentrum mit vielen Veranstaltungen, Kursen und Seminaren. Einmal im Jahr findet im Mai das dreitägige Tempelfest mit zirka 10000 Besuchern statt.

Zeltival
Veranstalter: Kulturzentrum Tollhaus, Schlachthausstraße 1
Oststadt, ☎ 964050
Fax 96405 20, www.zeltival.de
info@tollhaus-karlsruhe.de
Das mit zirka 16000 Besuchern jeden Sommer stattfindende mehrwöchige Festival erfreut sich unter Musik- und Kulturfreunden größter Beliebtheit. Unter einem Zeltdach und doch an der frischen Luft wird abseits ausgetretener Pfade ein breites Spektrum nationaler und internationaler Stars geboten.

Ettlinger Schlossfestspiele
Theaterkasse im Schloss
Postfach 100762, Ettlingen
☎ 07243/101-380
www.ettlingen.de
schlossfestspiele@ettlingen.de
Ganz in der Nähe und schnell mit der Stadtbahn zu erreichen: Die Stadt Ettlingen bietet jedes Jahr einen Theatersommer mit ganz besonderer Freiluft-Atmosphäre im Schlosshof.

Gärten und Parkanlagen

Mit über 800 Hektar öffentlichen Parks, Grünanlagen und Plätzen präsentiert sich Karlsruhe als „grüne Stadt“, was nicht zuletzt auf die Leidenschaft des Stadtgründers Karl Wilhelm von Baden für die Gärtnerei zurückgeführt werden kann. Zusammen mit den großen Gebieten des Hardtwaldes und des Oberwaldes sind zirka 50 Prozent des

Stadtgebiets bewaldet. Karlsruhe – eine grüne Stadt.

Botanischer Garten
Hinter der Kunsthalle, Innenstadt
☎ 926 3009, Öffnungszeiten der Gewächshäuser Di-Fr 9-16 Uhr
Sa, So und feiertags 9-12 Uhr und 13-16 Uhr
Der Botanische Garten wurde schon im 18. Jahrhundert von Carl Christian Gmelin angelegt und ist besonders im frühen Frühjahr ein einziges Blütenparadies. Er erhielt durch den Residenzbaumeister Heinrich Hübsch in den Jahren 1853 bis 1857 neue Pflanzenhäuser. Ist er auch kein botanischer Garten im streng wissenschaftlichen Sinne mehr – zeitweilig wuchsen dort über 40 000 verschiedene Pflanzen aus fast allen Regionen der Erde –, so beherbergt er noch immer zwanzig besonders erwähnenswerte Baumarten aus

Rund um das Schloss wird immer wieder etwas Besonderes geboten.

verschiedenen Kontinenten. Brunnenbecken, Skulpturen, eine Café-Terrasse unter der Rahmenkonstruktion des ehemaligen markgräflichen Wintergartens und die sehenswerten Gewächshäuser mit ihren exotischen Raritäten tragen zusätzlich zu seiner besonderen Atmosphäre bei.

Botanischer Garten der Universität Karlsruhe
Botanisches Institut, Am Fasanengarten 2, Innenstadt, ☎ 608-2145
1. April-30. September Mo-Fr 8-18 Uhr, So 8-18 Uhr, 1. Oktober-31. März 8-15.30 Uhr, So 9-16.30 Uhr
Der Garten der Universität bietet dem Besucher Gewächshäuser mit tropischen Pflanzen und Freilandbepflanzung. Es werden insgesamt 5 700 Pflanzenarten kultiviert, davon stehen 1 930 Arten auf einer Roten Liste oder sind nach dem Washingtoner Artenschutzübereinkommen geschützt.

Günther-Klotz-Anlage
(Süd-)Weststadt
Die jüngste Karlsruher Parkanlage wurde in den 70er und 80er Jahren aufgrund der damaligen Bundesgartenschau entwickelt und bietet viel Platz zur sportlichen Betätigung und Entspannung. Den künstlich angelegten See kann man mit Ruderbooten erkunden.
Von Rüppurr über Weiherfeld durch die Günther-Klotz-Anlage bis zum Rheinhafen und über Knielingen bis zur Einmündung der Alb in den Rhein, auf rund 20 Kilometer langen Geh- und Radwegen vom gleichnamigen Fluss begleitet, erstreckt sich das Albgrün.

Hardtwald
Der Hardtwald ist ein nördlich vom Karlsruher Schloss gelegenes, zusammenhängendes Waldgebiet, das sich auf einer Länge von 16 Kilometern und einer Breite von 2,5 bis 5 Kilometern vom Karlsruher Schloss bis zur Gemeinde Graben-Neudorf erstreckt. Von der City aus lässt er sich durch den Schlossgarten leicht und schnell erreichen und bietet viele Möglichkeiten der sportlichen Betätigung (Wandern, Joggen, Skating, Radfahren etc.) wie auch des Müßigganges.

Hauptfriedhof Karlsruhe
Infocenter: Haid-und-Neu-Straße 33
☎ 7820933, Fax 7820934
service@friedhof-karlsruhe.de
Der älteste kommunale Parkfriedhof Deutschlands wurde 1874 eingeweiht. Der Architekt Josef Durm ließ sich bei dem 34 Hektar großen Areal von englischen Parkanlagen inspirieren. So ist der Hauptfriedhof nicht nur eine Gedenkstätte, sondern bietet zugleich auch Ruhe und Entspannung sowie wertvollen Lebensraum für Pflanzen und Tiere.
Östlich des Haupteingangs finden sich die beiden jüdischen Friedhöfe Karlsruhes. Während der 1872 angelegte jüdisch-orthodoxe Friedhof nicht öffentlich zugänglich ist, lassen sich auf der 1876 eingeweihten jüdisch-liberalen Anlage Gräber berühmter Karlsruher Juden besichtigen.

Nymphengarten und Friedrichsplatz
1730 wurde der nach Plänen von Friedrich Weinbrenner gestaltete Park als Lustgarten für den Erbprinzen Ludwig gestaltet. Ebenfalls als Teil des ehemaligen „Erbprinzengartens“ ist der Friedrichsplatz, nur wenige Gehminuten von der Innenstadt entfernt, ein Stückchen Grün zum Aufatmen.

Schlossgarten
Im Norden des Schlosses zum Hardtwald hin liegt der Schlossgarten mit dem alten *Botanischen Garten* (siehe dort) im Westen und dem *Fasanengarten* (1720 angelegt mit Fasanenschlösschen und Teehäuschen im chinesischen Stil) im Osten. Der Schlossgarten wurde

Auch in Karlsruhe wollen die Kleinen hoch hinaus.

unter Markgraf Karl Wilhelm durch den Hofgärtner Christian Thran 1731 bis 1746 im französischen Barockstil angelegt. Sein Nachfolger Großherzog Karl Friedrich ließ Bereiche des Gartens nach englischen Vorbildern umgestalten. Zur Bundesgartenschau 1967 wurde der Schlossgarten im Stil eines englischen Landschaftsparks erneuert und weiterentwickelt. Plastiken vom Barock bis zur Moderne, Denkmäler, Skulpturen und Brunnen aus verschiedenen Epochen, ein dorisches Tempelchen und der große See lassen stets Neues entdecken. Gerne nutzen viele Karlsruher die ausgedehnten Wiesen zum Sonnen, für Ballspiele oder einfach für eine Pause im Grünen.

Schlossgarten Durlach
Mit dem Umzug des Markgrafen Karl II. von Pforzheim nach Durlach wurde um 1565 an der neuen Residenz ein Lustgarten angelegt, der in Resten als jetziger Schlossgarten mit Rasenflächen, herrlichen alten Bäumen und einer der ältesten Kastanienalleen Deutschlands noch vorhanden ist. Der historische Park wird ergänzt durch Spielplätze, lauschige Ruheplätze und prachtvolle Blumenflächen.

Zoo und Stadtgarten, ☎ 133-68 15, www.karlsruhe.de/Zoo
Nördlich des Hauptbahnhofes zwischen Süd- und Südweststadt gelegen, hat der Stadtgarten mit 22 Hektar als größte innerstädtische Parkanlage eine bewegte Geschichte. Im 19. Jahrhundert als Wäldchen mit Ausflugslokalen, Teichen, Tierpark und Aussichtsberg entstanden, wurde er Anfang des letzten Jahrhunderts durch den wunderbaren Rosengarten und den ältesten japanischen Garten Deutschlands bereichert. Die heutige Gestalt erhielten Stadtgarten und Zoo zur Bundesgartenschau 1967.
Zahlreiche Ruheplätze und Cafés, Restaurants und Kioske zur Erfrischung und Stärkung runden das vielseitige und attraktive Angebot von Zoo und Stadtgarten ab. Neu ist ein Blindengarten mit vielen Sinneseindrücken. Im Kinderzoo können Haustierrassen vom Schaf, Esel und Pony bis hin zu den seltenen Hinterwälder-Rindern aus dem Schwarzwald oder den Lamas aus Südamerika „beschnuppert" werden. Mehr als 100 Veranstaltungen jährlich ziehen Besucher aus nah und fern zur Seebühne am Stadtgartensee, wo in der warmen Jahreszeit mit Musikdarbietungen,

Folklore-Veranstaltungen oder Kindernachmittagen ein abwechslungsreiches Programm geboten wird. Neben einem Gondoletta-Bootsbetrieb, der die beiden großen Seen – Schwanen- und Stadtgartensee – mit einem „Kanal durchs Grüne" verbindet, finden besonders junge Besucher immer wieder viel Abwechslung. Und für die ganz Kleinen lädt eine Kinderbahn zum Mitfahren und daneben ein Spielplatz ein.

Tierpark Oberwald

Um Platz im Zoo zu schaffen, entstand 1965 der Tierpark Oberwald. Auf 16 Hektar leben in verschiedenen Freigehegen inmitten eines großen stadtnahen Waldgebietes Axishirsche, Wisente, Elche, Emus, Gämsen und andere Tierarten. Zu Fuß oder mit dem Fahrrad können die weitläufigen Wege erkundet und die Tiere beobachtet werden.

Die städtischen Gärtner verwandeln den Friedrichsplatz immer wieder in ein Blumenparadies.

Cafés

Innenstadt

Brenners Ringcafé, Karlstraße 61 A
☎ 356789, Mo, Mi–Sa 8.30-18 Uhr, So und Feiertag 10-18 Uhr
Dienstag Ruhetag
Anspruchsvolles Café mit einer Tradition in Karlsruhe seit 1896. Exzellente Patisserie und Confiserie.

Café Böckeler, Marktplatz, täglich 7.30-22.00 Uhr
Der Nachfolger des traditionsreichen Café Feller bietet auf zwei Etagen hochwertige Confiserie-, Konditorei- und Backwaren sowie ein Café mit gehobenem Standard.

Café Palaver, Steinstraße 23
☎ 377647, Di–So 9-19 Uhr
Montag Ruhetag
Alternatives Café im Gewerbehof mit ganztägigem Frühstücksangebot und vielfältiger Küche (Müsli, Salate, Vollwertkost, selbstgemachte Torten und Kuchen). Täglich wechselnder Mittagstisch.

Café Pierod, Kaiserstraße 133
☎ 358886, täglich 10-0 Uhr
35 Sorten selbst hergestelltes Eis. Edles Ambiente. Zentral gelegen unweit des Marktplatzes.

Café Rih, Waldstraße 3, ☎ 22074
täglich 10-1 Uhr
Künstler- und Szene-Café im Gebäude des Badischen Kunstvereins. Ab 12 Uhr gibt es einen kleinen Mittagstisch.

Café Zero, Kaiserstraße 133
☎ 380631, Mo-Sa 10-1 Uhr
So 12-0 Uhr
Ungewöhnlich gestaltetes Café im 1. Obergeschoss über dem Café Pierod mit umfangreicher Teekarte, Milchshakes und Cocktails, Snacks für den kleinen Hunger.

Tommy's-Coffee, News & Art
Hebelstraße 15, ☎ 1607727
Mo-Do 10-22 Uhr, Fr 10-1 Uhr
Sa 10-16 (im Winter bis 17 Uhr)
Coffee-Shop, Cocktailbar und Szenetreff.

Café Endle, Kaiserstraße 241 A
☎ 24678, Mo-Sa 8-18 Uhr, So 10-18 Uhr

Altstadt

Café Gitanes, Fasanenplatz
Zähringerstraße 15, ☎ 376167
täglich 9-1 Uhr
Mitten im Dörfle befindet sich dieses Café-Bistro im französischen Stil. Im Angebot sind zwölf verschiedene Frühstücksvarianten, im Sommer kann man draußen sitzen.

Durlach

Café Kehrle, Pfinztalstraße 35
☎ 494632, www.cafe-kehrle.de
Mo-Fr 8.30-19 Uhr, Sa 8.30-18 Uhr
So 12-18 Uhr
Café mit feinster Konditorei und Confiserie.

Südweststadt

Café am Tiergarten, Bahnhofplatz 6
☎ 932220, Mo-Fr 8-19 Uhr, Sa und So 10-19 Uhr
www.am-tiergarten-karlsruhe.de
Café mit kleinen Speisen, selbst gemachtem Eis und Mittagstisch. Frühstück wird ab 6.30 Uhr serviert.

Südstadt

Café am Festplatz, Ettlinger Straße 7, ☎ 374761, Sa-Do 10-20 Uhr
Gepflegtes Café in der Nähe des Kongresszentrums.

Café Schuster, Am Stadtgarten 11
☎ 32244, Di-Sa 9-18.30 Uhr
So 10-18.30 Uhr
Café und Confiserie mit angenehm ruhiger Atmosphäre. Kleine Straßenterrasse am Stadtgarten.

Weststadt

Café Schmidt, Kaiserallee 69
☎ 849338, Di-So 9-18 Uhr
Café-Konditorei mit Spezialitäten wie Baumkuchen, Pralinen und Teegebäck aus eigener Herstellung.

Das Café Palaver ist nur eine von vielen Adressen für gemütliches Zusammensitzen und Essen in Karlsruhe.

Mary Poppins, Kaiserallee 51a
☎ 858593, täglich 8-19 Uhr
Konditorei-Café, bietet neben Patisserie ab 8 Uhr Frühstück und schönen Café-Garten mit 60 Plätzen.

Gartenlokale

Karlsruhe bietet dem Besucher ein breites Angebot an Restaurants und Kneipen mit Terrassen und Biergärten. Bei zirka 1800 Sonnenstunden im Jahr und dem fast südländischen Klima der Rheinebene bieten die zahlreichen Gartenlokale der Stadt eine schattige und erholsame Bleibe.

Innenstadt

Badisch Brauhaus, Stephanienstraße 38-40, ☎ 144700, täglich 10-1 Uhr
www.badisch-brauhaus.de
Keine Brauereigaststätte im herkömmlichen Sinn, sondern ein gastronomisch-architektonisches Gesamtkunstwerk. In dem ganzen Komplex sind verschiedene Restaurants, eine Cocktailbar und ein Café untergebracht.

Cantina Majolika, Ahaweg 6-8
☎ 9203603, Mo-Sa 10-1 Uhr
So und Feiertag 10-24 Uhr
Künstlerbistro in schlicht-modernem Ambiente in der Majolika-Manufaktur. Beliebt ist die Terrasse im idyllischen Hof. Sonntags ab 10 Uhr Brunch.

Litfass, Kreuzstraße 10, ☎ 693487
täglich 10-1 Uhr
Lokal mit deutscher Küche und schattigem Biergarten. Nur wenige Meter vom Marktplatz entfernt hinter der Kleinen Kirche.

MultiKulti, Schlossplatz 19
☎ 9209797, täglich 10-1 Uhr
Szenetreff mit kubanischem Flair unweit von Schloss und Bundesverfassungsgericht. Das Lokal besitzt eine beheizte und überdachte Innenhofterrasse, außerdem kann man im Sommer vor dem Lokal sitzend den Blick auf das Schloss und seine Gartenanlagen genießen. Salat- und Grillkarte.

Salmen, Waldstraße 55, Ludwigsplatz, ☎ 205121, Mo-Do und So 11-23 Uhr, Fr und Sa 11-24 Uhr

Café-Restaurant in gehobenem Ambiente. Wechselnde Wochenkarte. Eines der Restaurants am Ludwigsplatz mit zahlreichen Tischen draußen.

Schlosscafé, Schloss, ☎ 9664571
Di-So 11-18 Uhr
Café und Restaurant, mit schönem Blick zum Schlossgarten und großer Terrasse.

Max, Prinz-Max-Palais, Akademiestraße 38a, ☎ 1608833
Mo-Do 10-0 Uhr, Fr und Sa 10-2 Uhr
So 10-0 Uhr
Künstlercafé mit schöner Außenterrasse und pittoreskem Hofgarten. Kunstevents und Lesungen in kreativer Atmosphäre. Mehr als ein Geheimtipp.

Stövchen, Waldstraße 54
☎ 29241, Mo-Do 9-1 Uhr, Fr-So 9-3 Uhr
Bier- und Studentenkneipe, die antik und mit viel Holz und Glas ausgestattet ist. Große Auswahl an Flammkuchen. Kicker und Familienspiele. Großer Biergarten im Hinterhof.

Altstadt

Pfannestiel, Am Künstlerhaus 53
☎ 377301, Mo-Fr 17-1 Uhr, Sa 15-1 Uhr, So 18-1 Uhr, im Sommer Mo-Fr ab 11 Uhr
Rustikal gestaltete Studentenkneipe mit opulenter Speisekarte. Großer Biergarten.

Vogelbräu, Kapellenstraße 50
☎ 377571, Mo-So 10-1 Uhr
Haus- und Kultbrauerei mit großem und schönem Biergarten. Das unfiltrierte „Vogel" ist mittlerweile nicht nur unter Bierkennern und Feinschmeckern eine aus der Stadt nicht mehr wegzudenkende Institution geworden.

Weststadt

Café Bleu, Kaiserallee 11
☎ 856392, So-Do 9-2 Uhr, Fr und Sa 9-3 Uhr
Café-Bistro mit Wintergarten und großem Biergarten. Die Besonderheit des „Bleu" ist das preiswerte Tagesessen für € 2,50. Große Bierauswahl.

Geheimrat im Gutenberg, Nelkenstraße 27, ☎ 9 851516, Mo-Do 11-24 Uhr, Fr 11-1 Uhr, Sa 10-1 Uhr
So 19-24
Gasthaus mit bayerischer und internationaler Küche und gemütlichem Garten am Gutenbergplatz.

Kaisergarten, Kaiserallee 23
☎ 855581, Mo-Sa 10-1 Uhr, Sonn- und Feiertag 12-1 Uhr
Einer der ältesten und größten Biergärten in Karlsruhe. Badische und internationale Küche. Mit Wintergarten.

Kühler Krug, Wilhelm-Baur-Straße 3, ☎ 8316416, täglich 11-1 Uhr
Saisonale Speisen und interessante Büffets werden im Wintergarten oder auf der Terrasse an der Alb serviert. Hausbrauerei.

Löwenbräukeller, Sophienstraße 95
☎ 843315, täglich 17-1 Uhr
Café, Kneipe, Galerie und Restaurant mit Atmosphäre. Asiatische, italienische und deutsche Küche lässt sich auch draußen im Garten genießen.

Rote Taube, Kriegsstraße 276
☎ 855117, täglich 19-1 Uhr
Gaststätte mit guter Mischung von Musik und Kunst. Im Winter samstags gelegentlich Live-Acts. Im Sommer Gartenwirtschaft.

Oststadt

Zum Bacchus, Durlacher Allee 20
☎ 607805, Mo-Fr 18-2, Sa 18-2
So 10-13.30
www.zum-bacchus.de
Beliebte Studentenkneipe mit italienischer Küche. Am Sonntag gibt es ein Frühstücksbüfett bis 13 Uhr. Mit Biergarten.

Hoepfner-Burghof Biergarten
Haid-und-Neu-Straße 18
☎ 6183400, Mo-Sa 10-24 Uhr
So 18-24 Uhr
Rustikaler Biergarten mit zirka 1 000 Sitzplätzen.

Kneipen und Szenelokale

Innenstadt

Bierakademie, Douglasstraße 10
☎ 27302, Mo-Do 11-24 Uhr
Fr 11-3 Uhr, Sa 19-3 Uhr. Sonntag Ruhetag
Rustikale Kneipe für Bierfreunde und -kenner. Im Angebot sind zwölf verschiedene Biersorten vom Fass und zwölf Weizenbiere (Flaschengärung).

Kashu, Hirschhof 7, ☎ 26500
Di-Sa 20-1 Uhr, So 20-0 Uhr
www.kashu.de
Gemütliche und preisgünstige Kneipe, die von engagierten Christen betrieben wird. Auf dem Programm stehen Konzertabende, Spieleabende, u. v. m.

Krokodil, Waldstraße 63, ☎ 27331
So-Do 8-1 Uhr Fr-Sa 8-3 Uhr
www.krokodil-ka.de
Restaurant am Ludwigsplatz mit internationaler Küche und angeschlossenem Café. Im Freien Plätze im Hof und auf der Terrasse am Ludwigsplatz. Billardtische und Dartscheiben sowie regelmäßige Fußballübertragungen gehören zur Unterhaltung. Sonntags von 10-14 Uhr Brunch. Am Fasching geht hier die Post ab.

Miro, Hirschstraße 3, ☎ 21432
täglich 16-1 Uhr
Café, Bistro, Kneipe mit deutsch-italienischer Küche. Wechselnde Kunstausstellungen und jeden Mittwoch Partyabend. Lesbisch-schwule Szene.

Ohne Gleichen, Waldstraße 55
☎ 205121, So-Do 19-1 Uhr, Fr und Sa bis 3 Uhr

Vor schöner Jugendstilfassade leuchtet einladend das Karlsruher Krokodil.

Café-Bar mit „Lounge-Atmosphäre". Angesagte Musik und Cocktails in künstlerischem Ambiente.

Schopenhauer „Bodega España"
Blumenstraße 23, ☎ 1611969
täglich 17-3 Uhr
Ungewöhnliche Kneipe im Gewölbekeller mit Graffiti und internationalen Sprüchen (von Peter Burger) bemalten Fliesen. Ausgewählte spanische Speisen und gelegentlich Live-Flamenco.

Ubu, Karlstraße 6, ☎ 23657
Mo-Sa 10-1 Uhr, So 11-1 Uhr
Alte Studentenkneipe mit ganz besonderer Einrichtung. Sehr großes Spieleangebot (Backgammon, Gesellschaftsspiele etc.).

Altstadt

Café Wien, Fasanenstraße 6
☎ 374452, Mo, Di, Do 19-1
Mi 19-2, Fr und Sa 19-3, So 9.30-0 Uhr, www.cafewien-ka.de
Kneipe, Restaurant, Cocktailbar, Diskothek. Küche: Pasta, Salsa, „Ofele" von 18-24 Uhr. Sonntags großes Brunchbuffet von 9.30-14 Uhr.

Dorfschänke, Am Künstlerhaus 33
☎ 378138, Mi-Sa 20-1 Uhr
www.dorfschaenke-ka.de
Alteingesessene und urige Musikkneipe in der Altstadt mit gelegentlicher Live-Musik.

Kap, Kapellenstraße 68, ☎ 32166
So-Do 19.30-1 Uhr, Fr und Sa 19.30-3 Uhr, www.kap-ka.de
Szenekneipe im Kaffeehausstil mit vielen Cocktails und Whiskeys zur

Auswahl. Monatliche Live-Musik und Themenfeten an besonderen Tagen (Halloween, Silvester etc.). Als neues Ereignis gibt es den Weinprobiertag am Sonntag. Biergarten im Hinterhof.

Pfannestiel, Am Künstlerhaus 53
☎ 377301, Mo-Fr 17-1 Uhr, Sa 15-1 Uhr, So 18-1 Uhr
Rustikal gestaltete Studentenkneipe, sechs Fassbiersorten, Meterbier und kleine pfiffige Gerichte.

Weißer Stern, Am Künstlerhaus 45
☎ 37 49 55, täglich 18-1 Uhr
Alle Gerichte werden frisch zubereitet. Flammkuchen, Pizzen, Pasta, Mozzarella-Gerichte und Salate.

Oststadt

Kippe, Gottesauer Straße 23
☎ 697829, täglich 9-3 Uhr
Biergarten bis 23 Uhr
Sehr beliebte und gemütliche Studentenkneipe mit badischer Küche. Täglich drei verschiedene Tagesessen und Hammerfrühstück für € 2,50.

Treacy's, Durlacher Allee 64
☎ 697637, Mo-Do 16-1 Uhr, Sa und So bis 3 Uhr, www.treacys.de
Irisches Pub mit Live-Musik, irischen Spezialitäten und irischem Bier.

Zwiebel, Durlacher Allee 24
☎ 607339, täglich 18-1 Uhr
Studentenkneipe mit schöner alter Einrichtung. Kleine Karte mit frischen Salaten, Spaghetti oder Baguette. Von Oktober bis Mai gibt es Live-Musik und Spieleabende.

Südstadt

Milano, Marienstraße 34
☎ 389159, Mo-Sa 6-1 Uhr
So 7-1 Uhr
Szenekneipe und Multi-Kulti-Treff in der Südstadt.

Sockenschuss, Ettlinger Straße 33
☎ 33778, Mo 16-2 Uhr, Di-Do 11-2 Uhr, Fr und Sa 11-3 Uhr

Mit alten Emailschildern, Pflastersteinen und Schindeln bestückte rustikale Bierkneipe. Kleine Snacks durchgehend. Vier Fassbiere.

Durlach

Genter, Ochsentorstraße 18
☎ 41308, Mo-Sa 17-1 Uhr, So 17-22 Uhr
Beliebtes, rustikales Lokal. Spezialitäten: Wikinger und Schnitzel, sechs Sorten Fassbier, mit Biergarten.

Kranz, Pfinztalstraße 39
☎ 405485, täglich 17-1 Uhr
Gemütliche Kneipe auf zwei Stockwerken mit opulenter Speisekarte. Deutsch-griechische Küche.

Pflug, Ochsentorstraße 24
☎ 9414753, Mo-Sa 17-1 Uhr, So 10-24 Uhr
Badische und internationale Spezialitäten, regelmäßige Events wie Live-Musik, Sportübertragungen. Schöner großer Biergarten.

Traube, Marstallstraße 8, ☎ 41732
So-Fr 17-1 Uhr, Sa 19-1 Uhr
www.traube-durlach.de
Rustikale Studentenkneipe gegenüber dem Durlacher Schloss. Gutbürgerliche Küche, alle Gerichte hausgemacht. Ab und zu Live-Musik.

Restaurants

Afrikanisch

African Safari, Hirschstraße 18
Innenstadt, ☎ 29175, täglich 11-1 Uhr
Äthiopische Spezialitäten, z. B. Ingera (mit Fleisch gefüllte Fladen und verschiedenen Soßen). Bambus, traditionelle afrikanische Sitze und Musik bestimmen die Atmosphäre.

Kilimandscharo, Karlstraße 100
Innenstadt, ☎ 33738, täglich 13-1 Uhr
Afrikanische Spezialitäten, ab und zu Live-Konzerte.

Kulinarisches in ungewöhnlicher Umgebung: Die Badischen Weinstuben im Botanischen Garten.

Afrika, Passagehof 18, Innenstadt ☎ 21632, Di-So 12-14.30 Uhr und 17-1 Uhr
Spezialitäten aus verschiedenen Ländern Afrikas: Couscous, selbstgebackenes Fladenbrot mit verschiedenen Soßen, Salat mit Reis und vieles mehr.

Asiatisch

Chaopraya, Akademiestraße 9-11 Innenstadt, ☎ 24121 info@chaopraya.de, Di-So 11.30-14.30 Uhr, 18-23 Uhr, Sonn- und feiertags durchgehend geöffnet
Original thailändische Küche in schlichter Atmosphäre. Besondere Spezialität sind scharf gewürzte Speisen.

China Garden, Pfinztalstraße 58 Durlach, ☎ 4 22 10, täglich 11.30-14.30 Uhr, 17.30-23 Uhr
Restaurant mit hochwertiger Küche aus Shanghai, exklusives Ambiente und freundlicher Service. Mit Biergarten.

Hongkong, Ettlinger Straße 29 Südstadt, ☎ 33688, täglich 11.30-15.00 Uhr, 17.30-23.30 Uhr
Hongkong-Küche sowie Vegetarisches, preiswerte Tagesgerichte.

Maharani Palace, Grötzinger Straße 23, Durlach, ☎ 408839, täglich 11.30-14.30 Uhr, 17.30-24 Uhr
Spezialitäten vom Tandoori-Grill. Landestypische Innengestaltung, indische Musik. Auch Sitzplätze auf dem Boden.

Punjab, Amalienstraße 46 Innenstadt, ☎ 2 2127, täglich 11-14.30 Uhr und 17.30-24 Uhr
Indisch-pakistanisches Restaurant mit angenehmer, ruhiger Atmosphäre. Täglich wechselnder Mittagstisch. Naan und Chapatis sowie Fleischspezialitäten werden im Lehmofen zubereitet.

Shogun, Zähringerstraße 96 Innenstadt, ☎ 205552, täglich 11.30-15 Uhr und 17.30-23 Uhr
Gepflegtes Sushi-Restaurant mit einer großen Auswahl an japanischen Gerichten.

Badische Spezialitäten

Alte Residenz, Zunftstraße 6 Durlach, ☎ 42331, So-Fr 11.30-14.30 Uhr, 18-0 Uhr www.alteresidenz.de
Umfangreiche badisch-internationale Speisekarte.

Alte Schmiede Durlach
Ochsentorstraße 4, Durlach
☎ 493251, Mo-Fr 11.30-14 Uhr
18-1 Uhr, Sa und So 18-1 Uhr
www.alte-schmiede-durlach.de
Gemütliches Restaurant mit altbadischen und saisonalen Spezialitäten.

Badische Weinstuben im Botanischen Garten, Innenstadt
☎ 607879, Di-So 11-22.30 Uhr
warme Küche 11.30-14 Uhr, 18-21.30 Uhr
Café und Restaurant in gehobenem Ambiente. Anspruchsvolle badische Spezialitäten und badische Spitzenweine aus der Region.

Dudelsack, Waldstraße 79, Innenstadt, ☎ 205000, täglich 18-1 Uhr
Feine französische, badische und vegetarische Gerichte.

Oberländer Weinstube, Akademiestraße 7, Innenstadt, ☎ 205066
Di-Sa 12-14 Uhr und 18-24 Uhr
Sonntag Ruhetag und Montagmittag geschlossen
Gourmet-Restaurant mit frischer und leichter Küche. Badische und französische Gerichte. Sehr große Weinkarte mit über 700 erlesenen Weinen.

Restaurant Klenerts auf dem Turmberg, Reichardtstraße 22, Durlach
☎ 41459, täglich 11.30-24 Uhr
Badische Spezialitäten, Wild- und andere Fleischgerichte, frischer Fisch und vegetarische Speisen. Im Sommer kann man auf der Terrasse die herrliche Aussicht genießen.

Deutsch und international

Blüthners, Gutenbergstraße 5
Weststadt, ☎ 842228, Di-So 18-24 Uhr, Mai-September 19-24 Uhr
Gourmet-Restaurant im Stile eines französischen Bistros. Feine regionale frische Küche nach Marktlage. Auch vegetarische Spezialitäten. Über 200 Flaschenweine und viele außergewöhnliche Spirituosen.

Buchmanns, Mathystraße 22-24
Weststadt, ☎ 8203730, Mo-Fr 12-14 Uhr und 18-22 Uhr, Sa 18-22 Uhr, Sonntag Ruhetag
Gehobenes Restaurant im Hotel Astoria mit leichter deutscher und internationaler Küche. Fischspezialitäten. Begehbarer Wein-Klimaraum und Zigarrenraum.

Kaiserhof, Karl-Friedrich-Straße 12
Innenstadt, ☎ 91700, täglich 10-1 Uhr, www.hotel-kaiserhof.de
Vier Sterne Hotel-Restaurant mit internationaler und badischer Küche. Tagesessen. Mit Terrasse auf dem Marktplatz.

Zum Ochsen, Pfinzstraße 64
Durlach, ☎ 943860, Di 18-22
Mi-So 11.30-14 Uhr, 18-22 Uhr
Traditionsreiches, elegantes Gourmet-Restaurant mit Spezialitäten und Fischgerichten aus dem Mittelmeerraum sowie saisonalen badischen Gerichten im Angebot. Über 900 verschiedene Weinsorten in der Vinothek.

Weinbrenner, Am Marktplatz
☎ 3540666, Speisehaus: Mo-Do 11-24 Uhr, Fr und Sa 11-1 Uhr
Espressobar: Mo-Do 8-23 Uhr
Fr und Sa 8-1 Uhr
www.weinbrenner-karlsruhe.de
Anspruchsvolles Restaurant mit Teestube, Espressobar und Cocktaillounge. Mit kulturellem Programm (Klavierabende, Erzähltheater etc.) und Außenbereich auf dem Marktplatz (neben der Stadtinformation).

Griechisch

Athen Palast, Gartenstraße 68
Weststadt, ☎ 84563, täglich 11.30-14.30 Uhr und 17.30-24 Uhr
Stilechtes griechisches Restaurant. Großes Angebot an Spezialitäten. Wechselnde Tagesgerichte. Biergarten.

Bonifatius, Sophienstraße 112
☎ 843610, So-Fr 11.30-14.00 Uhr

Sehen und gesehen werden auf dem Ludwigsplatz.

und 17.30-24.00 Uhr, Sa 17.30-24.00 Uhr
Kleines, aber feines Restaurant mit authentischer Atmosphäre, im Sommer Biergarten. Hier wird man vom Chef selbst bedient.

Poseidon, Kriegsstraße 218
Weststadt, ☎ 848833, täglich 11.30-15 Uhr, 17-1 Uhr
Der Grieche im Souterrain mit großer Auswahl an Grill-, Backofen- und Fischgerichten.

Italienisch

Adria im O'Henry's, Breite Straße 24, Südweststadt, ☎ 356655
www.ristorante-adria.de, Di-So 11.30-15 und 18-24 Uhr
Gehobene italienische und internationale Küche, Saisongerichte, Fischspezialitäten.

La Strada, Amalienstraße 17, Innenstadt, ☎ 24762, Di-So 11-5 Uhr
Eines der wenigen Restaurants, das auch für Nachtschwärmer geöffnet ist: italienische Gerichte gibt es hier bis 4.30 Uhr morgens.

La Gioconda, Akademiestraße 26
Innenstadt, ☎ 25540, Mo-Sa 12-14.30 Uhr und 18-23 Uhr
Frische, kreative, mediterrane Küche. In moderner Einrichtung lässt sich hier gut speisen. Spezialitäten sind Lamm, Wachteln, Wild, Pilze und Trüffel nach eigener Kreation.

L'incontro, Leopoldstraße 3
Innenstadt, ☎ 2031440
täglich ab 9 Uhr
Bar-Café-Restaurant am Kaiserplatz mit ausgefallenem Angebot.

Rosa Bianca, Akademiestraße 23
Innenstadt, ☎ 21296
täglich 12-14.30 Uhr, 17-24 Uhr
Kleines Restaurant in einem 200 Jahre alten Haus. Saisonale Spezialitäten, drei Mittagsmenüs, Antipasti-Büfett. Biergarten im Hof.

Pomodoro, Waldstraße 87
Innenstadt, ☎ 20272, Di-So 12-15 Uhr und 18-24 Uhr
Neben Teigwaren und Pizzen sind auch Fischgerichte im Angebot.

San Felice, Am Wald 3, Nordstadt
☎ 73803, Di-So 12-15 Uhr und 18-24 Uhr, Ruhetag Montag
Stilvolles Restaurant mit großer Auswahl an italienischen Speisen und erlesenen Weinen. Sehr schöne Terrasse. Bestellungen auch für zu Hause.

Mexikanisch

El Taquito, Waldstraße 24-26
Passagehof, Innenstadt, ☎ 23881
täglich 11-1 Uhr
Gutes mexikanisches Restaurant mit eigenen Importen. Im Angebot sind frische Tortillas und Chips, hausgemachte Salsas, Chilisaucen und Moles. Mit Cocktailbar „Pancho Villa".

La Salsa, Akademiestraße 41
Innenstadt, ☎ 25674, Mo-Do 11-23 Uhr, Fr und Sa 11-1 Uhr, So 11-23 Uhr
Hier kann man scharfe mexikanische Küche in moderner, origineller Einrichtung genießen.

Vegetarisch

Café Pan, Kaiserstraße 50, (Hinterhaus), Innenstadt, ☎ 3505858
Mo-Fr 11-19 Uhr
Vollwertcrêperie, Zutaten aus biologischem Anbau.

Tanburi, Pfinztalstraße 45, Durlach
☎ 4009814, www.tanburi.de
täglich 11-1 Uhr
Orientalische Spezialitäten einschließlich einer großen Auswahl an vegetarischen Gerichten und Teigwaren, regelmäßige Live-Musik und Bauchtanz.

Viva, Lammstraße 7 A, Rathauspassage, Innenstadt, ☎ 23293
Mo-Fr 11-20.30 Uhr, Sa 9-16.30 Uhr
Vegetarisches Spezialitätenrestaurant mit modernem, klarem Ambiente. Große Salatbar und Produkte aus ökologischem Anbau. Selbstbedienung.

Weinstuben

Bundschuh, Friedrichstraße 12
Grötzingen, ☎ 4839260, Di-Sa 17-1 Uhr
Urgemütliche Weinstube in altem Fachwerkhaus. Verfeinerte französische Küche und internationale Weine.

Heilige Sophie, Sophienstraße 35
Innenstadt, ☎ 26004, Mo-Do 19-1 Uhr, Fr und Sa 20-3 Uhr, So 20-1 Uhr
Weinstube auf zwei Etagen mit Gewölbekeller und im Winter Kaminfeuer. Kleine Gerichte. Jeden Sonntag Piano-Musik (Jazz, Blues, Pop). Im Winter Live-Musik nach Ankündigung.

Pfälzer Weinhäusle, Wilhelmstraße 17, Südstadt, ☎ 358879, täglich 17-0 Uhr, Wochenende bis 1 Uhr
Mittwoch Ruhetag.
Die Weinstube bietet Wildspezialitäten und die Vielfalt deutscher Weine. Jeden Monat gibt es eine literarische Weinprobe.

Weinstube Schorpp, Rudolfstraße 24, Oststadt, ☎ 698253, Mo-Sa 10-14 Uhr und 16-24 Uhr, So 10-14 Uhr
Gemütliche Weinstube mit Hausmacher-Spezialitäten. Im Winter auch Gerichte aus eigener Schlachtung. Über 30 Sorten badische und Pfälzer Weine.

LetscheBacchus, Rappenstraße 5
Durlach, ☎ 9430090, Mo-Sa 19-1 Uhr, Sonntag Ruhetag
www.letschebacchus.de
Weine aus aller Welt. „Tapas" – mediterrane Leckerbissen zum Wein und feine Fondues. Kleine, feine Speisekarte. Man sitzt gemütlich in einem rustikalen Keller mit Antiquitäten.

Oberländer Weinstube, Akademiestraße 7, Innenstadt, ☎ 25066, Mo 18-23 Uhr, Di-Sa 11.45-14 Uhr, und 18-23 Uhr
Historische Einrichtung mit Holzdecke und Kachelofen. Leichte französische Küche mit mediterranen und regionalen Gerichten. Über 800 Weine mit Schwerpunkt Frankreich, Burgund, Bordeaux.

Beim Schloss lässt es sich fürstlich ausruhen.

Kino

Filmpalast am ZKM, Brauerstraße 40, Südweststadt
☎ Tickets: 2059200
www.filmpalast-am-zkm.de
Eines der erfolgreichsten Multiplex-Kinos in Deutschland. Mit zehn Kinos und insgesamt 2954 Plätzen bietet das Kino cineastisches Vergnügen für jeden Anspruch. Verschiedene kulinarische Angebote im modern und offen gehaltenen Gebäudekomplex.

Das Kino im Prinz-Max-Palais (Kinemathek), Karlstraße 10
Garteneingang Akademiestraße
Innenstadt
www.kinemathek-karlsruhe.de
☎ Auskunft 9374714
☎ Kasse 25041
Die Kinemathek – mit knapp 15000 Besuchern im Jahr das kleinste der Karlsruher Kinos – präsentiert vor allem Filme, die im Spielbetrieb anderer Lichtspielhäuser selten sind: von aktuellen Spiel- und Dokumentarfilmen über Autorenfilme, Filmklassiker bis zu Experimental- und Avantgarde-Filmen. Filme in Originalfassung, Werkreihen, Präsentationen mit Kommentar oder Diskussion, Stummfilme mit Klavierbegleitung.

Kurbel, Kaiserpassage 6, Innenstadt, ☎ 26600 oder 28121
www.kino-ka.de
Nach Renovierung und Umbau bietet die Kurbel nun anspruchsvolles und dennoch unterhaltsames (Hollywood-)Kino.

Schauburg, Marienstraße 16, Südstadt, ☎ 350000
www.schauburg.de
info@schauburg.de
Mit anspruchsvollem Programmkino gelang es dieser Karlsruher Kulturinstitution in der Vergangenheit zahlreiche nationale Preise zu erringen. Feste Größen im Programm sind das sonntägliche Kino-Frühstück und die nächtliche Rush-Hour zum halben Preis.

Universum-City, Kaiserstraße 152
Innenstadt, ☎ 161080
Kino mit sechs Sälen direkt am Europaplatz. Zu sehen sind zum großen Teil Hollywood-Produktionen und „Blockbuster“.

Open-Air-Kino, Schloss Gottesaue
Schlachthausstraße, Oststadt
☎ 3500018, www.schauburg.de
Im Sommer von der Schauburg veranstaltetes Open-Air-Kino am Gottesauer Schloss mit besonderer Atmosphäre.

Karlsruher Messe- und Kongress GmbH (KMK)

Festplatz 9, 76137 Karlsruhe
☎ 37200
www.karlsruhe-messe-kongress.de
info@kmkg.de
Seit Oktober 2001 wird die Neue Messe Karlsruhe in Rheinstetten-Forchheim südlich von Karlsruhe gebaut, um auch größere Messen, die das Fassungsvermögen des Kongresszentrums übersteigen, in Karlsruhe beherbergen zu können. Ab Herbst 2003, wenn die Neue Messe mit vier modernen Hallen fertig gestellt ist, wird der Messe- und Kongressplatz Karlsruhe über 50000 Quadratmeter Ausstellungsfläche, darüber hinaus eine Multifunktions-Arena für bis zu 14000 Besucher, einsetzbar für Messen, Sport- und Kultur-Events sowie TV-Produktionen, aufweisen. Darüber hinaus 10000 Quadratmeter Ausstellungsfläche im Freien, bis zu 3000 Parkplätze, modernste Technik im IT- und Kommunikationsbereich, das Messe Kongress Center für bis zu 1500 Personen, zentrale Service-Einrichtungen sowie eine Aktionshalle direkt beim zentralen Eingangsbereich für Events, Empfänge und Produktpräsentationen. Mit der Neuen Messe wird Karlsruhe zu einer der attraktivsten Städte für nationale und internationale Kongresse und Fachtagungen in Baden-Württemberg.

Kulturzentren

Centre Culturel franco-allemand
Kaiserstraße 160-162, Innenstadt
☎ 160380, Fax 1603829
www.ccf-ka.de, info@ccf-ka.de
Kulturverein, dessen Ziel es ist, die französische Sprache und Kultur in Deutschland zu fördern. Das Zentrum veranstaltet Lesungen, Konzerte, Ausstellungen und Chansonabende.

Kulturverein Tempel e. V.
Hardtstraße 37a, Mühlburg
☎ 554174, Fax 553462
www.kulturverein-tempel.de
tempel@swo.de
Der Kulturverein, der seit 1984 in dem Gebäude der ehemaligen Seldeneck'schen Brauerei (1771 gegründet) zu finden ist, veranstaltet in regelmäßigen Abständen Jazz-, Latino-, Swing- und Flamenco-Konzerte und andere kulturelle Events. Im Mai findet das große, dreitägige Tempelfest statt.

Orgelfabrik Durlach
Amthausstraße 17, Durlach
☎ 401443, Fax 4763830
www.karlsruhe.de/Kultur/Orgelfabrik
Das Kulturzentrum, das in dem denkmalgeschützten Haus eines Orgelbauers beheimatet ist, veranstaltet Theateraufführungen, Ausstellungen, Konzerte und vieles mehr.

Substage Rockrampe e. V.
Kriegsstraße 15, Innenstadt
☎ 30196 (Programmhinweise)
Fax 358382, www.substage.de
info@substage.de
Live-Club in der ehemaligen Unterführung am Ettlinger Tor. Auf dem Programm stehen nationale und internationale Top-Acts aus den Bereichen Rock, Pop, Hip-Hop und Reggae.

Tollhaus Kulturzentrum
Schlachthausstraße 1, Oststadt
☎ 964050, Fax 9640520
www.tollhaus-karlsruhe.de
info@tollhaus-karlsruhe.de
Ein Kulturzentrum der alternativen Kulturszene, das mit dem jährlich veranstalteten *Zeltival* ein kulturelles Schwergewicht in Karlsruhe ist.

Neben Weltmusik, Kleinkunst, Kabarett und Chanson bietet das Tollhaus auch große Jazz-, Rock- und Pop-Musik.

Jubez e. V., Am Kronenplatz 1
Innenstadt, ☎ 935193
Fax 9351955, www.jubez.de
jubez@stja.karlsruhe.de
Träger des Kulturzentrums ist der Stadtjugendausschuss. Die Programmpalette reicht von Comedy, Lesungen, Theateraufführungen, Filmcafés, Diskussionsveranstaltungen bis zu Kleinkunst und Newcomerwettbewerben. Ein weiterer Aktionsbereich ist das musisch-kreativ-sportliche Angebot, für das spezielle Räume bereit stehen: Holzwerkstatt, Töpferei, Nähwerkstatt, Fotolabor, Medienwerkstatt, Kreativwerkstatt, Sporthalle, Ballettsaal.

Märkte

Wochenmärkte

Durlach, Marktplatz
Mo-Sa 7.30-12.30 Uhr
Bunter Wochenmarkt mit Waren aus biologischem Anbau.

Gottesauer Platz, Durlacher Allee/ Wolfartsweierer Straße, Mo, Mi, Fr 7.30-12.30 Uhr
Reichhaltiges Angebot aus der näheren und weiteren Umgebung.

Gutenbergplatz, Sophienstraße/ Weststadt, Di, Do, Sa 7.30-12.30 Uhr
Großer und beliebter Wochenmarkt, zu dem die Besucher von weit her kommen. Mit großem Angebot an frischen Waren.

Marktplatz, Mo-Sa ab 9 Uhr
Täglicher Blumenmarkt mit Ständen für Obst und Gemüse.

Stephanplatz, Südausgang der PostGalerie, Mo, Mi, Fr 7.30-12.30 Uhr
Obst, Gemüse, Blumen, Pflanzen, Geflügel, Eier, Käse. Alles, was die Region zu bieten hat.

Werderplatz, Südstadt, Marienstraße/Wilhelmstraße, Di, Fr, Sa 7.30-12.30 Uhr
Rund um den Indianerbrunnen werden Spezialitäten und Lebensmittel aus kontrolliertem Anbau angeboten.

Flohmärkte

Neben den regelmäßig an Samstagen im Sommerhalbjahr veranstalteten Floh- und Trödelmärkten beim Wildparkstadion, auf dem Messplatz

„Kruscht" – so heißt auf gut Badisch all das, was auf einem Flohmarkt angeboten wird.

und am Stephanplatz, gibt es zahlreiche wechselnde Termine, die bei der Stadtinformation zu erfragen oder durch die Ankündigungen in der lokalen Presse zu erfahren sind.

Pfennigbasar. Einmal jährlich findet in der Nancyhalle, veranstaltet vom Internationalen Frauenclub, der beliebte Basar statt. Im Angebot sind Kleidung, Schuhe, Lederwaren, Haushaltswäsche und -geräte, Geschirr, Gläser, Elektrogeräte, Spielzeug, Bücher, Schallplatten, CDs, Kunst und Kitsch zu Spottpreisen ab 50 Cent.

Saisonmärkte

Im Mai und November findet die *Karlsruher Frühjahrs- und Herbstmess'* auf dem Messplatz an der Durlacher Allee täglich von 14 bis 24 Uhr statt.
Das große Volksfest bietet von einer Wildwasserbahn über die Achterbahn, Flugkarussell, Countdown-Turm, Autoscooter, Kettenkarussell, Riesenrad und Musik-Express alles, was das Herz begehrt.

Christkindlesmarkt, Marktplatz, ab Ende November täglich von 10 bis 20.30 Uhr
Der Christkindlesmarkt in Karlsruhe gilt als einer der schönsten seiner Art in ganz Süddeutschland. Tausende von Besucherinnen und Besuchern aus Nah und Fern erfreuen sich jährlich zur Adventszeit an den weihnachtlich dekorierten Ständen auf dem Marktplatz rund um die Pyramide im Herzen der Stadt, genießen kulinarische Leckereien und erstehen dort das eine oder andere Weihnachtsgeschenk.

Museen

Badischer Kunstverein, Waldstraße 3
Innenstadt, ☎ 28226, Fax 29773
www.badischer-kunstverein.de
info@badischer-kunstverein.de

Von Menschen und Säulen: Dauerausstellung der Abteilung Archäologie des Badischen Landesmuseums.

Der Badische Kunstverein ist der zweitälteste Kunstverein in Deutschland. In wechselnden Ausstellungen und einem reichhaltigen Beiprogramm werden die aktuellen Entwicklungen Bildender Kunst vorgestellt und bewertet (siehe Seite 42).

Badisches Landesmuseum Karlsruhe, Schloss, Innenstadt
☎ 9266514, Fax 9266537
Di-Do 10-17 Uhr, Fr-So 10-18 Uhr
www.landesmuseum.de
info@landesmuseum.de
Im 1715 erbauten Residenzschloss werden vielfältige Sammlungen präsentiert. Ein besonderes Glanzlicht ist die bedeutende Antikensammlung. Weitere Abteilungen stellen die Ur- und Frühgeschichte Badens, Deutschlands und Europas, spätmittelalterliche Sakralkunst, die Kunst- und Wunderkammer der Markgrafen sowie die berühmte Türkenbeute und die Geschichte des Schlosses vor. Darüber hinaus gibt es wechselnde Sonderausstellungen (siehe Seite 34).

Medienmuseum, siehe unter ZKM.

Museum beim Markt, Karl-Friedrich-Straße 6, Innenstadt,
☎ 9266578 Di-So 11-17 Uhr,
Fr-So 10-18 Uhr
Nur ein paar Schritte vom Marktplatz entfernt präsentiert das Badi-

sche Landesmuseum in dieser Außenstelle seine Sammlungen zur angewandten Kunst seit 1900. Auf rund 1600 Quadratmetern Ausstellungsfläche wird hier anhand hervorragender Werke führender Künstler, Kunsthandwerker und Designer ein Bogen vom frühen 20. Jahrhundert bis in die Gegenwart geschlagen.

Museum für Literatur am Oberrhein, Karlstraße 10, Innenstadt
☎ 133-4087, Fax 1334089
Mo, Mi, Fr, So 10-18, Do 10-19
Sa 14-18 Uhr
www.karlsruhe.de/Kultur/MLO
info@literaturmuseum.de
Die lebendige Literatur-Präsentation reicht von der Klosterkultur über den Humanismus bis zur Literatur der Gegenwart. Die *Oberrheinische Bibliothek* mit über 8000 Bänden ist öffentlich zugänglich und nutzbar. Es gibt ein *Tonkabinett*, in dem wichtige Hörspielproduktionen ebenso abrufbar sind wie andere literarische Ton-Dokumente. Zusätzlich wurde ein Buchcontainer eingerichtet, in dem Leseexemplare von literarischen Neuerscheinungen bereitliegen.

Museum für Neue Kunst, siehe unter ZKM.

Museum in der Majolika, Ahaweg 6, Innenstadt-Nord, ☎ 926-6583
Di-So 10-13 Uhr und 14-17 Uhr
www.landesmuseum.de
Das Museum, das im ehemaligen Verwaltungsgebäude der Manufaktur eingerichtet ist, gibt in neuer Präsentation mit mehr als 300 ausgewählten Exponaten einen Überblick über die Produktion der Großherzoglichen, später Staatlichen Majolika-Manufaktur Karlsruhe von ihren Anfängen bis in die Gegenwart (siehe Seite 36).

Staatliche Kunsthalle Karlsruhe
Hans-Thoma-Straße 2-6, Innenstadt
☎ 926-3355, Fax 926 6788, Di-Fr 10-17 Uhr, Sa, So, Feiertag 10-18 Uhr, www.kunsthalle-karlsruhe.de
mail@kunsthalle-karlsruhe.de
Die Staatliche Kunsthalle Karlsruhe gehört zu den ältesten und bedeutendsten Kunstmuseen in Deutschland. Der Schwerpunkt ihrer sieben Jahrhunderte umfassenden Sammlungen liegt auf der deutschen, französischen, holländischen und flämischen Malerei. Weitere Attraktionen des Hauses sind das Kupferstichkabinett, die größte öffentlich zugängliche Museumsbibliothek Süddeutschlands und das älteste deutsche Kindermuseum (siehe Seite 41).

Staatliches Museum für Naturkunde – Museum am Friedrichsplatz, Erbprinzenstraße 13, Innenstadt, ☎ 175 21 11, Fax 175 21 10
Di-Fr 9.30-17 Uhr, Sa, So, Feiertag 10-18 Uhr
www.naturkundemuseum-bw.de/karlsruhe/
museum@naturkundeka-bw.de
Zu sehen gibt es eine große naturkundliche Dauerausstellung unter ökologischen Gesichtspunkten, einheimische und exotische Tiere sowie ein Vivarium mit lebenden Tieren, Mineralien, Fossilien und Dokumenten zur Erdgeschichte. Wechselnde Sonderausstellungen (siehe Seite 49).

Städtische Galerie Karlsruhe, im Hallenbau A (Lichthof 10), Lorenzstraße 27, Südweststadt
☎ 133-4401/4411, Fax 1334409
Do-So 10-18 Uhr, Mi 10-20 Uhr
Mo, Di geschlossen
www.staedtische-galerie.de
Schwerpunkte der Sammlung sind die Kunst im deutschen Südwesten und die deutsche Kunst nach 1945. Hochkarätige Sonderausstellungen wie z. B. „Nolde im Dialog“ sprechen ein internationales Kunstpublikum an. Die Museumskonzeption folgt dem Titel „Von der badischen Landschaftsmalerei des

Meisterwerke wie Anselm Feuerbachs „Gastmahl des Plato" aus dem Jahre 1869 finden sich in der Staatlichen Kunsthalle.

19. Jahrhunderts zur zeitgenössischen Stilvielfalt" (siehe Seite 53).

Stadtmuseum im Prinz-Max-Palais
Karlstraße 10, Innenstadt
☎ 133-4230, -4231, -4234
Fax 1334239, Di, Mi, Fr und
So 10-18 Uhr, Do 10-19 Uhr
Sa 14-18 Uhr
www.karlsruhe.de/Kultur/Stadtmuseum/
In acht Abteilungen wird der wechselvolle Werdegang der Fächerstadt und ihrer Stadtteile vom Mittelalter bis heute anschaulich präsentiert (siehe Seite 44).

Pfinzgaumuseum, Pfinztalstraße 9
Durlach, ☎ 133-4222,-4228
-4217, Fax 1334299, Di 16-19 Uhr
Mi 10-12 Uhr, Sa 14-17 Uhr, So 10-17 Uhr
www.karlsruhe.de/Kultur/Pfinzgaumuseum/
Das Museum zeigt die Geschichte der bis 1938 selbstständigen Stadt Durlach, deren Besiedlung bis in die Römerzeit zurückreicht. Zu sehen sind Objekte zur Kunst-, Kultur-, Sozial- und Alltagsgeschichte. Im gleichen Gebäude – der Karlsburg – befindet sich auch das Karpartendeutschen-Museum (siehe Seite 77).

Mausoleum, Hardtwald, nordöstliches Ende des Fasanengartens
☎ 697152, Mi 15-17 Uhr, So 10-12 Uhr
www3.karlsruhe.de/servlet/is/1857/
„Pompe funèbre" des 19. Jahrhunderts mit Sarkophagen der großherzoglichen Familie.

Rechtshistorisches Museum
Stephanienstraße 19, Innenstadt
☎/Fax 29353, Sa 12.30-17 Uhr
www3.karlsruhe.de/servlet/is/1842/
Rechtsgeschichte durch die Jahrtausende.

Verkehrsmuseum, Werderstraße 63
Südstadt, ☎ 374435, So 10-16 Uhr
Schienenfahrzeuge, Fahr- und Motorräder, mit Liebe und Sachkenntnis restaurierte Oldtimer als Zeugnisse der Technikgeschichte.

Zentrum für Kunst und Medientechnologie, Lorenzstraße 19
Südweststadt, ☎ 81000
www.zkm.de, info@zkm.de
Das 1997 eröffnete Zentrum für Kunst und Medientechnologie ist eine in Deutschland einzigartige Kulturinstitution, die sich mit den Neuen Medien in Theorie und Praxis auseinandersetzt. Mit dem *Mu-*

seum für Neue Kunst, dem *Medienmuseum*, dem *Institut für Bildmedien*, dem *Institut für Musik und Akustik* und den neuen Instituten für *Grundlagenforschung*, für *Netzentwicklung* und dem *Filminstitut* verfügt das ZKM über vielfältige Möglichkeiten zur Entwicklung von interdisziplinären Projekten und internationalen Kooperationen. In enger Zusammenarbeit mit der Staatlichen Hochschule für Gestaltung Karlsruhe und anderen Institutionen versteht sich das ZKM als Forum für die Begegnung von Wissenschaft und Kunst, Politik und Wirtschaft. Es bietet den Besuchern großzügig Raum zur Teilnahme an Veranstaltungen und Führungen, dem Besuch der öffentlichen Sammlungen und der Mediathek. Als Plattform zum Experiment und zur Diskussion setzt das ZKM sich zur Aufgabe und zum Ziel, aktiv an der Arbeit für die Zukunft mitzuwirken und stellt sich den Fragen nach einem sinnvollen Einsatz von Technologien immer wieder neu (siehe Seite 54).

Medienmuseum, ☎ 8100-1400
Mi 10-20 Uhr, Do und Fr 10-18 Uhr
Sa und So 11-18 Uhr, Mo und Di geschlossen
Das Medienmuseum ist das weltweit erste und einzige Museum für interaktive Kunst. Das thematische Spektrum reicht von Filmen über Simulationstechnik für den Cyberspace bis zum Einsatz aktueller Softwareapplikationen im Internet.

Museum für Neue Kunst, ☎8100-1325, Mi 10-20 Uhr, Do-So 10-18 Uhr, Mo und Di geschlossen
Schwerpunkt der renommierten (privaten) Sammlungen ist die Malerei von den 1950er Jahren bis heute. Gezeigt werden wechselnde Ausstellungen zeitgenössischer Künstler.

Mediathek, ☎ 8100-1717, Di-Sa 12-20 Uhr, So 12-18 Uhr, Mo geschlossen
Der interessierte Besucher findet im Bestand Bücher, Videos, CD-ROMs und Tonträger zur Kunst des 20. Jahrhunderts. In einer übersichtlichen Datenbank können alle Bestände vor Ort oder über Internet recherchiert werden.

Musik

Badisches Konservatorium, Jahnstraße 20, Innenstadt, ☎ 133-4301, Fax 1334309
www.karlsruhe.de/Bildung/Badisches-Konservatorium
Das Badische Konservatorium, die Musikschule der Stadt Karlsruhe, bietet eine vielfältige musikalische Ausbildung. Dabei reicht das Angebot von elementarer Musikerziehung bis hin zu Klassik, Moderne, Jazz und Folklore. Es werden auch Konzerte angeboten, zu denen der Eintritt frei ist.

Das Fest, siehe Feste und Festivals

Händelfestspiele, siehe Feste und Festivals

Internationaler Orgelsommer,
Stadtkirche, Erbprinzenstraße 5
Innenstadt, ☎ 28342, Fax 205382
www.stadtkirche-karlsruhe.de
info@stadtkirche-karlsruhe.de
Der Orgelsommer, der jährlich im Juni und Juli stattfindet, ist inzwischen zu einer festen Institution im Karlsruher Musikleben geworden. Hochkarätige Organisten aus verschiedenen Ländern Europas locken zum Ohrenschmaus.

Jazzclub Karlsruhe e. V.
Am Kronenplatz 1, Innenstadt
☎ und Fax 617885
www.karlsruhe.de/Kultur/Jazzclub
Der Jazzclub Karlsruhe ist mit jährlich über 100 Konzerten eine Hochburg des Jazz in Deutschland. Im Kulturzentrum Jubez beheimatet, bringt die Karlsruher Institution seit Jahrzehnten international renommierte Jazz-Acts auf die heimische Bühne.

Musik begeistert immer wieder – den Geiger genauso wie die Zuhörer während der Künstlermesse.

Karlsruher Musiktage, Reinhold-Frank-Straße 48, Innenstadt
☎ Stadtinfo 25000
Die alljährlich im Juni stattfindenden Musiktage verknüpfen verbale und musikalische Vorträge aufs Kreativste.

Klassik am Turm, Arge Durlacher und Auer Vereine, Postfach 113 Durlach, ☎ 40990
www.durlach-info.de
Dieses ganz besondere Konzert findet unterhalb des Turmbergs im Freien statt. Klassische Orchester-, Vokal- und Ensemblemusik verbindet sich hier mit einer einmaligen Atmosphäre.

Max-Reger-Institut/Elsa-Reger-Stiftung, Pfinztalstraße 7, Durlach
☎ 854501, Fax 854502, Mo-Do 8.30-16.30 Uhr, Fr 8.30-16.00 Uhr
www.karlsruhe.de/Kultur/Max-Reger-Institut
mri@uni-karlsruhe.de
Das Max-Reger-Institut ist die zentrale Forschungsstätte zu Leben und Werk des Komponisten Max Reger (1873-1916). Handschriftensammlung und Bibliothek machen das Institut zu einer wahren Fundgrube.

Musik auf dem 49ten und *Wintermusik,* ☎ 888243, Fax 881933
Mit diesen Veranstaltungsreihen leistet das *Ensemble 13* musikalische Basisarbeit, und mit themen- und komponistenbezogenen Konzerten haben sich die Musiker außerhalb des üblichen Konzertbetriebs profiliert. Hier geht es nicht um Gala und Pausengespräch, sondern um Aufmerksamkeit und Austausch.

Musik zum Advent, Stadtkirche Erbprinzenstraße 5, Innenstadt
☎ 28342, Fax 205382
www.stadtkirche-karlsruhe.de
info@stadtkirche-karlsruhe.de
Jedes Jahr finden an den Adventssonntagen bis Neujahr Konzerte zur Einstimmung in die feierliche Zeit statt.

Staatliche Hochschule für Musik
Wolfartsweierer Straße 7a, Schloss Gottesaue, Oststadt, ☎ 66290, Fax 662966, www.hfm-karlsruhe.de

Die Musikhochschule veranstaltet zahlreiche öffentliche Konzerte in Galerien und Kirchen in der Region. Eine feste Institution ist das Mittagskonzert in der „Kleinen Kirche" am Marktplatz, wo die Studierenden jeden Freitag die Möglichkeit haben, ihr Können öffentlich zu erproben (siehe Seite 76).

Badisches Staatstheater Karlsruhe
Baumeisterstraße 11, ☎ 3557-0
www.karlsruhe.de/Kultur/
Staatstheater
Neben Schauspiel und Ballett bietet das Badische Staatstheater auch Musiktheater und Konzerte. Das aktuelle Programm kann man der Homepage im Internet und den Mitteilungen der Presse entnehmen (siehe Seite 21).

Zeltival, siehe Feste und Festivals

Nightlife

Für Nachtschwärmer bietet Karlsruhe eine breite Palette an Bars, Clubs und Diskotheken mit jeweils unterschiedlichem Angebot. Von Techno über Acid-Jazz, von Alternative über Hardcore und Gothic zu Chartmusik und House kann sich der Szenebesucher die bevorzugte Musik selbst wählen und die Nacht zum Tage machen.

Bars und Clubs

Innenstadt

Bai Lopes, Bannwaldallee 38
☎ 8308200, Di, Mi, Do, So 18-1 Uhr, Fr und Sa 18-3 Uhr
Szene-Kneipe und Cocktailbar mit lateinamerikanischer Samba-Musik und Latino-Tanzkursen.

Café Dom, Hirschhof 5, ☎ 24850
täglich 11-1 Uhr
www.cafe-dom.de
Klare Linien und venezianischer Putz bestimmen das Bild des Doms, der einmal eine Kirche war. Spanische und italienische Weine, Rothaus, Kölsch u. v. m. Sonntags Frühstücksbuffet. Am Wochenende DJs.

Krone, Karl-Friedrich-Straße 8
☎ 9204257, Mo-Do 8-1 Uhr
Fr und Sa 8-3 Uhr, So 9-1 Uhr
Szenetreff in modernem und feinem Ambiente mit deutsch-badisch-italienischer Küche direkt am Marktplatz. DJ-Programm und wechselnde Veranstaltungen nach Ankündigung.

Mood, Bürgerstraße 12, Mo-Do 17-22 Uhr, Fr und Sa bis 3 Uhr
Lounge und Music-Club auf zwei Etagen. Schwerpunkte sind House und Acid- und Latin-Jazz.

Titanic, Kronenstraße 3
☎ 380338, Mo-Fr 11.30-1 Uhr
Sa und So 18-1 Uhr
Alternative Szene-Kneipe direkt neben dem *Tonic*. Gutbürgerliche Küche mit günstigem Mittagstisch. Gemischte Musik mit Schwerpunkt Rock und Indie.

Altstadt

Café Wien, Fasanenstraße 6
☎ 374452, täglich 19-2 Uhr, Fr und Sa bis 3 Uhr, www.cafewien-ka.de
Café, Kneipe, Restaurant, Cocktailbar und Disko in einem. Musik aller Richtungen, vor allem aber chartstaugliches. Am Sonntag Frühstücksbrunch bis 14 Uhr.

Club le Carambolage, Kaiserstraße 21, ☎ 21525, täglich 21-3 Uhr
www.club-carambolage.de
Musikclub und Szenedisko gegenüber der Universität. Täglich wechselndes Programm. Billardtische und Kickerbereich im hinteren Teil des lang gezogenen Raumes.

Südstadt

Erdbeermund, Baumeisterstraße 54
☎ 374242, So-Do 20-1 Uhr, Fr und Sa bis 3 Uhr
Club in der Südstadt mit aktueller Chart- und Housemusik. Gelegent-

liche Live-Shows und Lesben- und Schwulenabende.

Diskos

Innenstadt

Eisenstein, Amalienstraße 53
☎ 28822, Mi 18-23 Uhr, Do 20-1 Uhr, Fr und Sa 22-3 Uhr
Musikclub und Bar mit kleiner, aber feiner Tanzfläche. Vorwiegend Black- und House-Music. Mittwoch Afterwork-party ab 18 Uhr

Krokokeller, Bürgerstraße 14
☎ 24142, Mo-Do 22-3 Uhr, Fr und Sa 22-5 Uhr, www.krokokeller.com
Disko in altem Kellergewölbe mit großer Theke. Gelegentlich Konzerte. Montag Schlager und NDW-Nacht. An jedem ersten Sonntag im Monat ist Metal und Crossover im Angebot. Dabei ist der Eintritt frei.

Nachtcafé, Amalienstraße 55
☎ 28585, Fax 9204623, Do 22-3 Uhr, Fr und Sa 22-5 Uhr
www.n8cafe.com
Große Disko mit vorwiegend jüngerem Publikum. Schwerpunkte sind Black Funk, Soul, House, Latino, Dance und Groove.

Tonic, Kronenstraße 3, ☎ 380685
Mi 21-2 Uhr, Fr 21-3 Uhr, Sa 21-3 Uhr
Die ehemalige Kult-Disko K5 bietet für junge Leute zwischen 16 und 25 ein musikalisches Zuhause: Grunge, Punk, Independent. Mittwoch ist Sekttag.

Topsy Turvey, Hirschstraße 30
☎ 28155, Mi und Do 20-2 Uhr, Fr und Sa 21-5 Uhr
Club-Diskothek aus den 60er Jahren. Auf dem Programm steht von Jazz über Soul bis Techno und House die ganze Palette tanzbarer Musik.

Unterhaus, Kaiserpassage 6
☎ 9204423, Di 21-3 Uhr, Mi und Do 23-3 Uhr, Fr und Sa 23-5 Uhr
www.unterhaus.de
Beliebte Disko mit überwiegend gemischter Dance-Musik. Mittwoch ist Studententag, Samstag „Saturday Night Fever".

Unverschämt, Kaiserallee 3,
Am Mühlburger Tor, ☎ 848922
Di 21-2 Uhr, Do 21-3 Uhr, Fr und Sa 22-5 Uhr, www.uv-karlsruhe.de
Kult-Disko mit Fantasy- und Horrordekor. Musikalisch sind von Techno über NDW und Schlager bis zu Metal alle Stilrichtungen vertreten. Es gibt täglich eine „Happy-Hour".

Weststadt

Katakombe, Zeppelinstraße 7
☎ 853763, Do 21-2 Uhr, Fr und Sa 22-5 Uhr, www.kombe.de
Disko in einem Kellergewölbe mit festem Tagesprogramm für alle älteren Semester, die auf handgemachte und meist kompromisslos harte Musik stehen.

Oststadt

Kulturruine, Essenweinstraße 9
☎ 9663829, Mi 21-1 Uhr, Do 21-2 Uhr, Fr 22-4 Uhr, Sa 22-5 Uhr
www.kulturruine.de
Disko-Tempel für alle Gothic- und Dark-Wave-Freunde. Integriert ist das Café Kult im mittelalterlichen Stil.

Mühlburg

Gotec, Gablonzer Straße 11
☎ 5964761, Mi und Do 21-2 Uhr
Fr 21-3 Uhr, Sa 21-5 Uhr
www.gotec-cafe.de
Club, Lounge, Café, Bar mit DJ-Veranstaltungen, Live-Acts, Performances und Multimediakunst. Donnerstags Absinth-Bar mit Groove-Lounge.

Hagsfeld

CO_2, Am Storrenacker 3, Industriegebiet, ☎ 9614969
Fax 9614970, Mo, Di, Mi Ruhetage, Do 20-3 Uhr, Fr und Sa 20-5 Uhr, So Members only party
www.co2-park.de

Gesamtkomplex aus dem ehemaligen *Apfelbaum*, der Disko *Joy* und dem Tanzschuppen *Mambo*. Von Chartmusik über Techno bis Schlager und Tanzmusik wird alles geboten.

Sport und Freizeit

Bade- und Baggerseen

Badesee Buchtzig, südlich von Karlsruhe bei Ettlingen gelegener See mit sehr schönem Sand- und Wiesenstrand. Man kann Beachvolleyball, Baskettball und Tischtennis spielen. Ein Kinderspielplatz und ein Kiosk komplettieren das Angebot.

Eggensteiner Baggersee, etwa 12 km nördlich von Karlsruhe. Ein See mit sauberem Wasser und Sandstrand.

Epple-See, bei Forchheim (Rheinstetten), sehr sauber, Gras- und Sandstrand, FKK-Zone, Parkplatz gebührenpflichtig, WC.

Grötzinger Baggersee, nordöstlich der B3 gelegen. Schön angelegt, Bade-, Surf-, Segel- und Angelmöglichkeiten. Kleiner Badestrand, auch FKK möglich.

See bei Leopoldshafen, von Karlsruhe kommend 300 Meter nach Ortsschild links. Gebührenpflichtiger Parkplatz, Restaurant vorhanden.
Liedolsheimer See, großer See mit Sandstrand, Beachvolleyballfeld.

Linkenheimer Baggersee, 20 Kilometer nördlich von Karlsruhe gele-

Nightlife einmal anders: beim Stadtfest wird der Schlosspark zum Rummelplatz.

gener See mit Sand- und Kieselstrand. Gebührenpflichtiger Parkplatz. Sauber und gepflegt.

Neureuter Baggersee, an der Reitanlage beim kleinen Bruch. FKK-Zone.

Baggersee Weingarten, Kiesgrube mit Sandstrand, WC, Kiosk und gebührenpflichtigem Parkplatz.

Freibäder

Rheinhafenbad, Honsellstraße 39
Rheinhafen, ☎ 133-5230
www.karlsruhe.de/Sport/Bad/rheinhafenbad.htm
Unter dem Motto „wer draußen schwimmt, bleibt fit" hat das Rheinhafenbad als einziges Freibad in Karlsruhe von März bis November geöffnet. Viele regelmäßige Besucher schätzen im großen 50 mal 15 Meter Becken die angenehmen Wassertemperaturen. Diese werden der Lufttemperatur stets so angepasst, dass sie in einem angenehmen Kontrast stehen und dadurch das Wohlbefinden steigern.

Rheinstrandbad Rappenwört
Hermann-Schneider-Allee 50-54
Rappenwört, ☎ 133-5228/5229
www.karlsruhe.de/Sport/Badrhe/rappenwört.htm
Das Rheinstrandbad Rappenwört ist eines der landschaftlich schönsten und größten Bäder Deutschlands. Mit einer Wasserfläche von zirka 4000 Quadratmetern und einer Gesamtfläche von 16 ha liegt es zwischen Rheinufer und urwüchsigem Rheinauenwald. (siehe Seite 86).

Freibad Rüppurr, Heidelberger Straße 1, ☎ 133-5232,
www.karlsruhe.de/Sport/Bad/rüppurr.htm
Neben einem 50 mal 25 Meter-Becken verfügt das Freibad auch über ein Nichtschwimmerbecken mit Schwallbrausen und einem Wasserfall. Eine 79 Meter lange Riesenrutsche stellt eine der Hauptattraktionen dar. Zwei Kioske, eine große Liegewiese, Sport- und Spielplätze sowie Möglichkeiten für Tischtennis, Ringtennis und Beachvolleyball vervollständigen das Angebot.

Nicht in Rimini, sondern an einem der zahlreichen Baggerseen rund um Karlsruhe entstand dieses Bild.

Turmbergbad Durlach, Alte Weingartener Straße 40, Durlach
☎ 41075
www.karlsruhe.de/Sport/Bad/turmbergbad.htm
Das Turmbergbad Durlach bietet einige Wasserattraktionen, wie ein Nichtschwimmerbecken mit 65 Meter langer Riesenrutsche, einen Massagepilz, Massagedüsen, Brustduschen und Spaßfontänen. Kinder können sich im großen Planschbecken oder auf dem Kinderspielplatz austoben. Das 50-Meter-Schwimmbecken bietet Schwimmern ideale Bedingungen.

Hallenbäder

Fächerbad, Am Sportpark 1, Oststadt
☎ 967010, www.faecherbad.de
info@faecherbad.de
Das Fächerbad ist ein Sport- und Freizeitbad für die ganze Familie. Es ist die gelungene Kombination eines Hallenbades mit großzügiger Außenanlage, die sowohl dem Schwimmsportler als auch dem Freizeitaktiven mit seiner Wasserfläche von rund 1500 Quadratmetern ideale Voraussetzungen bietet.

Oberwaldbad, Erlenweg 2, Rüppurr
☎ 8801609
www.karlsruhe.de/Sport/Bad/oberwaldbad.htm
Neben dem Schwimmbetrieb bietet das Oberwaldbad auch ein Solarium, eine Sauna, Schwimmkurse und Aquafitnesskurse.

Tullabad, Ettlinger Straße 4 Südstadt, ☎ 133-5224
www.karlsruhe.de/Sport/Bad/tullabad.htm
Das Tullabad liegt zentral in der Stadtmitte (Nähe Zoo und Kongresszentrum). Es bietet ein sportgerechtes Schwimmbecken und ein separates Nichtschwimmerbecken. Die Terrasse und ein Außenliegebereich mit Blick auf den Karlsruher Zoo werden vor allem an sonnigen Tagen gerne genutzt.

Vierordtbad, Festplatz 1, Südstadt
☎ 133-5225, www.vierordtbad.de
Das Vierordtbad wurde in den Jahren 1873 bis 1900 im Jugendstil erbaut. Heute bietet es ein sehr beliebtes Gesundheitsbad mit umfangreicher Saunalandschaft. Die Schwimmhalle wird seit August 2002 generalsaniert und soll 2004 wiedereröffnet werden.

Weiherhofbad, Im Weiherhof 13 Durlach, ☎ 133-5227
www.karlsruhe.de/Sport/Bad/weiherhofbad.htm
Das Weiherhofbad in Durlach hat für jeden Badegast etwas Passendes parat. Vom Planschbecken speziell für Babys über ein separates Nichtschwimmerbecken bis hin zum 25-Meter-Schwimmbecken. Solarien, eine Kräuter-Dampf-Kabine, ein preisgünstiges Massagegerät sowie die neue Blockhaussauna eröffnen weitere Erholungs- und Entspannungsmöglichkeiten. Eine Freiliegefläche bietet bei schönem Wetter die passende Egänzung.

Sportveranstaltungen

Baden-Marathon Karlsruhe, Schul- und Sportamt, Hermann-Veit-Straße 7, Südweststadt
www.baden-marathon.de
marathon@sport.karlsruhe.de
Jährlich im September stattfindender Marathon mit über 6000 Teilnehmern.

„Ja, wo laufen sie denn...". Die Badische Meile zwischen Schlossplatz und Europahalle.

Badische Meile, Info ☎ 356422
www.badischemeile.de
Traditionell im Mai stattfindender „Spaßlauf" über die Distanz von 8,88889 Kilometer, die von Markgraf Carl Friedrich mit seinem Gefolge innerhalb von zwei Stunden zurückgelegt wurde. Der Start ist kostenpflichtig.

Fidelitas Nachtlauf, Veranstalter: TUS Rüppurr, Bocksdornweg 17
Rüppurr, ☎ 9721210
Fax 9721224
tus.volleyball-online.de/lauf/nachtlauf.html
nachtlauf@drhaasters.net
Der 2003 zum 25. Mal stattfindende Nachtlauf geht über eine Strecke von 80 Kilometern. Die Läufer sind dabei zwischen sechs und 16 Stunden unterwegs.

Hoepfner Boule Cup
www.psnet.de/schlossturnier/Schlossturnier.html
Das Karlsruher Schlossturnier findet auf dem Gelände vor dem Schloss statt und ist, neben den Landes- und Deutschen Meisterschaften, der Saisonhöhepunkt in der Region Mittelbaden. Es findet bundesweite Beachtung und zieht auch viele Spielerinnen und Spieler aus dem benachbarten Elsass an.

Schlossparklauf, Veranstalter: KSC
Adenauerring 17
www.karlsruhersc.info/menu/
Jedes Jahr im November veranstaltet der KSC einen Lauf durch den Schlosspark über eine Strecke von maximal 9,9 Kilometer. Schüler, Jugendliche, Mannschaften und Promi-Teams nehmen daran teil.

Skatenite, Veranstalter: Stadtjugendausschuss Karlsruhe e.V.
☎ 133-5690, Fax 133-5699
www.skatenight-karlsruhe.de
info@skatenight-karlsruhe.de
Von Mai bis August findet die „Skatenite" jeden zweiten Donnerstag ein zahlreiches und begeistertes Publikum. Hunderte Skater bevölkern dann die abgesperrten Hauptverkehrsstraßen.

KSC, Adenauerring 17, Oststadt
☎ 9643450, www.ksc.de
online@ksc.de
Der Karlsruher Sport Club hat nicht nur durch die mal mehr, mal weniger erfolgreiche Fußballabteilung einen hohen Bekanntheitsgrad in Deutschland und – durch zahlreiche

„Meine Kugel liegt näher!" Boule vor dem Schloss.

Auftritte in internationalen Wettbewerben – Europa erreicht. Auch die Box- und Leichtathletikabteilungen zeigen die Qualität des Karlsruher Sports.

LBBW-Meeting, Veranstalter: Karlsruher Messe- und Kongress-GmbH Festplatz 9, Südstadt, Informationen auch beim Sport- und Bäderamt Hermann-Veit-Straße 7
www.lbbw-meeting.de
info@lbbw-meeting.de
Das jährlich stattfindende Leichtathletik-Meeting in der Europahalle ist mit vielen nationalen und internationalen Stars prominent besetzt. Hier trifft sich die sportliche Weltelite.

Paarzeitfahren, Veranstalter: Karlsruher Messe- und Kongress-GmbH, Festplatz 9, Südstadt Informationen auch beim Sport- und Bäderamt, Hermann-Veit-Straße 7, 76135 Karlsruhe
www.karlsruhe-messe-kongress.de
Radrennen der internationalen Top-Elite durch die Fächerstadt. Ausgangs- und Zielpunkt ist dabei die Europahalle.

Theater

D'Badisch Bühn, Durmersheimer Straße 6, Grünwinkel, ☎ 552500
Fax 559480, www.beim-schupi.de
schupi@t-online.de
Einzigartige Theaterkneipe mit nicht nur badischen Spezialitäten, einem freundlichem Hotel, einem wunderschönen Biergarten (500 Plätze und Kinderspielplatz) und der bekannten mundartlichen Badischen Bühn'.

Badisches Staatstheater Karlsruhe
Baumeisterstraße 11, Südstadt
☎ 35570, Kasse 933333
www.karlsruhe.de/Kultur/Staatstheater, kartenverkauf@staatstheater.de
Das Badische Staatstheater Karlsruhe ist die zweitgrößte Bühne Baden-Württembergs und bietet als

Farbenprächtig: die Händel-Oper „Amadigi" im Badischen Staatstheater.

vielbesuchtes Dreisparten-Haus ein breitgefächertes Repertoire. Das Musiktheater hat sich neben der Pflege der Klassik ein viel beachtetes Image durch die Entdeckung verloren geglaubter Opern und durch die Aufführung von Werken aus den 20er Jahren geschaffen (siehe Seite 21).

Bluemix Kinder- und Jugendtheater
Wilhelmstraße 14, Südstadt
☎ 386482
www.bluemix-theater.de
Mitten in der Südstadt gelegen, verfügt das Haus über zwei Bühnen: einen großen Saal mit 120 und ein Studio mit 60 Plätzen. Im Hof befindet sich eine kleine Freilichtbühne. Ziel ist es, junge Menschen an das Theater heranzuführen und ihnen die Möglichkeit zu geben, Theater zu erfahren und auch selbst zu spielen.

Die Insel, Karlstraße 49b
Südweststadt, ☎ 3557450
www.karlsruhe.de/Kultur/Staatstheater, insel@staatstheater.bwl.de
Im Januar 2000 übernahm das Badische Staatstheater Karlsruhe das Theater *Die Insel* als neue Spiel-

stätte. Geboten wird Theater für eine Generation voller Neugier und ohne Berührungsängste. Die Insel-Stücke handeln vom Leben und dem Zusammenleben.

Die Käuze, Königsberger Straße 9
Waldstadt, ☎ 684207
Das einzige Kellertheater in Karlsruhe. Es ist ein Kinder-, Jugend- und Erwachsenentheater. Neben dem Spielplan stehen musikalische Veranstaltungen, Lesungen und Ausstellungen auf dem Programm, sowie Gastspiele und Sozialveranstaltungen. In der Galerie finden wechselnde Ausstellungen statt.

Die Spur, Bühne des Stadtjugendausschusses, Jubez, Kronenplatz 1
Innenstadt, ☎ 865544
Fax 867975
Die Kleinkunstbühne zeigt neben Kabarett- und Chansonprogrammen ein breites Angebot im Bereich Jugendtheater und Schauspiel.

Jakobus-Theater, Kaiserallee 11
☎ 854245
Seit 1972 bereichert das Jakobustheater die Karlsruher Kulturszene. Das Amateurtheater legt Wert auf einen anspruchsvollen Spielplan, der auch weniger bekannte zeitgenössische Stücke umfasst und aktuelle gesellschaftliche Fragen thematisiert.

Marotte-Figurentheater, Kaiserallee 11, Innenstadt, ☎ 841555
Fax 859697
www.marotte-figurentheater.de
info@marotte-figurentheater.de
Marionettentheater für Kinder und Erwachsene.

Sandkorn Theater, Kaiserallee 11
Weststadt, ☎ 848984, Fax 853321
www.sandkorn-theater.de
info@sandkorn-theater.de
1956 gegründet, bietet das mit zwei Spielstätten ausgestattete Theater vom modernen Klassiker, über Musicals und Kabarettprogrammen, bis hin zu Kinder- und Jugendtheater ein äußerst vielfältiges Angebot.

Theater in der Orgelfabrik, Amthausstraße 8, Durlach, ☎ 4763831
Kartenvorbestellung 401443
www.karlsruhe.de/Kultur/Orgelfabrik
Teil des Kulturzentrums Orgelfabrik in Durlach. Gespielt werden Stücke über Persönlichkeiten aus Geschichte und Literatur – wie Büchner, Poe, Casanova –, als auch über bestimmte Themen, wie zum Beispiel die Walpurgisnacht, den Untergang der Titanic und die Reiter der Apokalypse.

Unterkunft

Hotels

Am Tiergarten, Bahnhofplatz 6
Südweststadt, ☎ 932220
www.am-tiergarten-karlsruhe.de
Gepflegtes Hotel direkt am Hauptbahnhof. Einzelzimmer ab 69 €, Doppelzimmer ab 99 €€

City Hotel, Kaiserstraße 152-154
Innenstadt, ☎ 25303
www.city-hotel-karlsruhe.de
Preisgünstiges und zentrales Hotel direkt in der Einkaufsstraße.
Einzelzimmer 65 € , Doppelzimmer 88 €€

*Dorint Hotel*****, Festplatz 2
Südstadt, ☎ 35260, www.dorint.de
2002 neu erbautes großes Hotel mit 246 komfortablen Zimmern direkt beim Kongresszentrum. Einzelzimmer ab 112 €, Doppelzimmer ab 152 €.

*Etap Hotel***, Killisfeldstraße 62
Durlach, ☎ 4902720
www.accor.de
Einzelzimmer 37 €, Doppelzimmer 43,50 €.

*Hotel Beim Schupi****, Durmersheimer Straße 6, Grünwinkel
☎ 55940, www.beim-schupi.de
Gemütliches Hotel mit Restaurant und Theater im Stadtteil Grünwin-

kel. Einzelzimmer ab 45 €, Doppelzimmer ab 105 €.

*Hotel Berliner Hof****, Douglasstraße 7, Innenstadt, ☎ 18280
www.hotel-berliner-hof.de
Familienbetriebenes Hotel direkt am Europaplatz. Einzelzimmer ab 60 €, Doppelzimmer ab 83 €.

*Hotel Blankenburg****, Kriegsstraße 90, Innenstadt, ☎ 932690
Haus mit außergewöhnlichem Charme. Einzelzimmer 70 €, Doppelzimmer 85 €.

*Hotel Der blaue Reiter****
Amalienbadstraße 16, Durlach
☎ 942660
www.hotelderblauereiter.de
2001 neu erbautes Hotel im Stadtteil Durlach. Einzelzimmer 96 €, Doppelzimmer 112 €.

*Hotel Eden****, Bahnhofstraße 15-19, Südweststadt, ☎ 18180
www.hoteleden.de
Nördlich des Hauptbahnhofs gelegen. 68 komfortable Zimmer. Frühstücksbuffet ab 6.30 Uhr. Einzelzimmer ab 77 €, Doppelzimmer ab 113 €.

Hotel Greif, Ebertstraße 17
Südweststadt, ☎ 35540
Preisgünstiges und gutes Hotel in der Nähe des Hauptbahnhofs. 92 Zimmer mit Standardkomfort. Einzelzimmer ab 35 €, Doppelzimmer ab 71 €.

*Hotel Kübler*****, Bismarckstraße 39-43, Innenstadt, ☎ 1440
www.hotel-kuebler.de
Das Hotel bietet dem Gast in 80 Zimmern in ruhiger und zentraler Lage unweit der City gehobenen und zum Teil sehr ungewöhnlichen Wohnkomfort. Preise zwischen 70 und 130 € pro Nacht.

*Hotel Santo*****, Karlstraße 69
Südweststadt, www.hotel-santo.de
1997 erbautes Haus. Einzelzimmer 90 €, Doppelzimmer 120 €.

*Kaiserhof*****, Karl-Friedrich-Straße 12, Innenstadt, ☎ 91700
www.hotel-kaiserhof.de
Direkt am Marktplatz gelegen, mit 55 Zimmern und feinem Restaurant. Einzelzimmer ab 95 €, Doppelzimmer ab 125 €.

*Queens Hotel*****, Ettlinger Straße 23, Südstadt, ☎ 37270
www.queens-hotels.com
In der Nähe des Kongresszentrums gelegen. 147 modern und komfortabel ausgestattete Zimmer. Einzelzimmer ab 88 €, Doppelzimmer ab 102 €.

Renaissance Hotel, Mendelssohnplatz, Innenstadt, ☎ 37170
www.renaissancehotels.com
Anspruchsvolles und elegantes Hotel mit 215 Zimmern und Suiten. Einzelzimmer ab 119 €, Doppelzimmer ab 133 €.

*Schloss-Hotel*****, Bahnhofsplatz 2, Südstadt, ☎ 38320
www.schlosshotel-karlsruhe.de
Ältestes Hotel der Stadt. Einzelzimmer ab 88 €, Doppelzimmer ab 108 €.

Pensionen

Pension Am Zoo, Ettlinger Straße 33, Südstadt, ☎ 33678
Acht Zimmer in einer ruhigen Pension direkt am Stadtgarten. Einzelzimmer ab 35 €, Doppelzimmer ab 60 €.

Pension Stadtmitte Garni, Zähringerstraße 72, Innenstadt
☎ 389637
Kleine, preiswerte Pension in der Stadtmitte. Einzelzimmer ab 35 €, Doppelzimmer ab 61 €.

Privatzimmervermittlung

Stay over night, Hohbergstraße 31
76337 Waldbronn
☎ 07243-525239
Fax 07243-525276
www.stay-over-night.de

Das Unternehmen vermittelt möblierte und preiswerte Privatzimmer, Ferienwohnungen und Appartements im Bereich Karlsruhe, Ettlingen, Bruchsal und Umgebung. Die Preise liegen für ein Einzelzimmer zwischen 15 und 30 € bzw. 35 und 50 € für ein Doppelzimmer.

Jugendherberge

Jugendherberge, Moltkestraße 24
Innenstadt, ☎ 28248
www.jugendherberge-karlsruhe.de
Vier- und Sechs-Bett-Zimmer mit Dusche. Zimmer ab 13,35 €.

Camping

Azur Camping Turmbergblick
Tiengener Straße 40, Durlach
☎ 497236, www.azur-camping.de
Campingplatz nur wenige Minuten von der Autobahnausfahrt (A 5). Öffnungszeiten: 15.3. bis 15.11.

Verkehr

Karlsruher Verkehrsverbund (KVV)
Tullastraße 71, Oststadt, ☎ 61070
www.kvv.de, Kundenzentrum im Weinbrennerhaus: ☎ 61075790, Kundenzentrum im Hauptbahnhof: ☎ 61075793, Servicetelefon 61075885
Karlsruhe verfügt über ein einzigartiges Nahverkehrssystem: mit der Straßenbahn bis in den Schwarzwald hinein, bis nach Bretten, Heilbronn und Baden-Baden, in die Pfalz und nach Pforzheim. Möglich wird dies durch die seit 1991 eingesetzten Stadtbahnwagen mit Zweisystemtechnik, die sowohl im Straßenbahnnetz als auch auf den Gleisen der Deutschen Bahn fahren können. Umweltfreundlich ist so das Umland ohne Umsteigen direkt aus der City zu erreichen.

Deutsche Bahn Karlsruhe
Reisezentrum im Hauptbahnhof
Bahnhofplatz 1, Südweststadt
☎ 11861, täglich 24 Stunden

Die Karlsruher Radkuriere sind die schnellsten der Republik.

Auskunft, ☎ 08001507090
Fahrplanauskünfte über Sprachdialogsystem, www.bahn.de

Gruner's Gute Fahrräder, Fahrradverleih, Pennsylvaniastraße 2
☎ 9713175

Mike's Bike, Rad- und Tandemverleih, Sophienstraße 180
☎ 855494

RadRad, nur Tandemverleih
Lachnerstraße 17, ☎ 9379843

Mietwagen, ADAC (☎ 31143)
Alamo (☎ 617051), Avis (☎ 3728-0), Europcar (☎ 931550)
Hertz (☎ 22997), Kazenmaier (☎ 37280), Sixt (☎ 31322)

Minicar und Citycar, ☎ 565050

Taxizentrale, ☎ 944144

Rheinfahrten, KVVH GmbH
Geschäftsbereich Rheinhafen
Werftstraße 2, ☎ 5997424
mska@rheinhafen.de
www.fahrgastschiff-karlsruhe.de.
Karten gibt es bei der Stadtinformation im Weinbrennerhaus und bei der Tourist-Info am Bahnhofsplatz (siehe Seite 90).

inzergenossenschaft
eingarten eG

Winzergenossenschaft Weingarten

gene Stärken herausarbeiten

Schnittpunkt zwischen Kraichgau
Rheinebene, in der Nähe der
idenzstadt Karlsruhe, liegt Weingarten.
t dem Jahre 1935 nimmt hier die
nzergenossenschaft die Trauben von
4 Hektar Mitgliedsfläche auf und
marktet die Weine.

0 Winzerfamilien in Weingarten,

Östringen, Bruchsal, Walzbachtal und Keltern bewirtschaften individuell mit viel Engagement ihre Rebflächen auf Kalkverwitterungsböden, vorwiegend Muschelkalk. Hier gedeihen am besten die Burgundersorten wie Spätburgunder, Schwarzriesling, Grauer Burgunder/ Grauer Burgunder, Weißer Burgunder, Auxerrois sowie Chardonnay, aber auch feine Rieslingweine und zarte Müller-Thurgau/Rivaner.

Ziel der jungen Führungsmannschaft in Weingarten ist es, die im Weinberg gewonnene Qualität schonend zu fördern und die Feinheiten ansprechend herauszuarbeiten. Dem Auxerrois, einer fast vergessenen Sorte aus der Burgunderfamilie, gilt die besondere Aufmerksamkeit.

Die Weine der Winzergenossenschaft findet man überwiegend im Fachhandel und in der Gastronomie.

BADISCHER WEIN®
von der Sonne verwöhnt

www.sonnenmaennchen.de

Karlsruhes kulturelle Vielfalt genießen

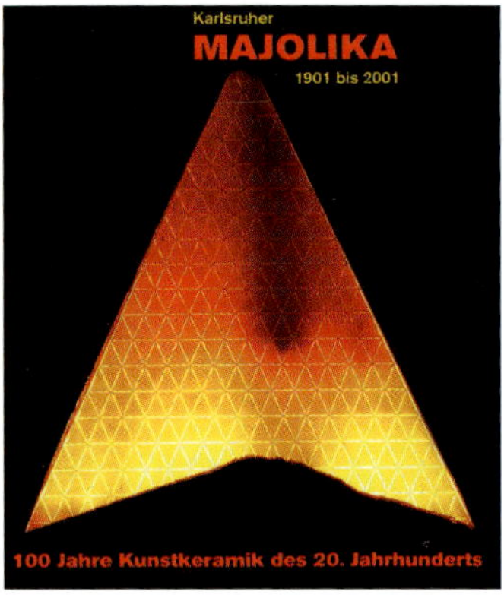

Monika Bachmayer
Peter Schmitt
Karlsruher Majolika
1901 bis 2001
€ 34,80
ISBN 3-7650-8259-7

Monika Bachmayer
Robert Dreikluft
Jugendstil in Karlsruhe
Formen,
Vielfalt, Fantasien
€ 24,80
ISBN 3-7650-8247-3

Hermann Ebeling
Karlsruhe
Ein Fächer von
Möglichkeiten
3. Auflage
€ 21,00
ISBN 3-7650-8319-4

Hermann Ebeling
Karlsruhe
Stadt mit Perspektive
3. Auflage
€ 10,30
ISBN 3-7650-8253-8

G.BRAUN BUCHVERLAG